Meal Prep

Gesund, einfach und lecker

Das Kochbuch zum Zeitsparen mit den besten Meal Prep Rezepten für Berufstätige, Sportler und Studenten

Antje Gerspach

ISBN: 1979132321
ISBN-13: 978-1979132329

Inhaltsverzeichnis

Einführung

Meal Preparation oder auch „Meal Prep“, was so viel heißt wie ein Gericht präparieren oder vorbereiten, gibt dem altbewährten Vorkochen nun endlich einen trendigen Namen.

Frische Lebensmittel müssen ab heute nicht länger aufbewahrt werden, bis man sie für eine Mahlzeit braucht, sondern können direkt zu leckeren Gerichten für die nächsten Tage oder die ganze Woche verarbeitet und verpackt werden. Denn wer hat schon Lust, sich jeden Abend nach einem stressigen und anstrengenden Tag an den Herd zu stellen und frisch, gesund und lecker zu kochen?

Meist reicht die Energie dann nur noch für den Griff zur Tiefkühlpizza. Doch frisch und vor allem gesund ist diese Methode auf Dauer sicherlich nicht. Wie schön wäre es da, seinen Körper mit den richtigen Nährstoffen zu versorgen, die Inhaltsstoffe genau zu kennen, an einem Tag zu kochen und davon mehrere Tage genießen zu können. Das spart nicht nur Zeit, sondern auch Geld, denn diese portionsweise in Dosen oder Einmachgläsern verpackten Leckereien können auch gut als Zwischenmahlzeit bei der Arbeit, in der Uni oder beim Sport dienen. Einfach morgens in die Tasche gepackt und schon geht's los. So müssen Sie nichts für den Bäcker oder die Kantine ausgeben und sind doch gut versorgt.

Das bedeutet nicht, dass es jeden Tag dasselbe Essen geben muss. In diesem Kochbuch finden Sie viele Rezepte, die genügend Inspirationen für eine abwechslungsreiche Ernährung liefern, denn das A und O der „Meal Preparation“ ist die Planung. Suchen Sie sich einige leckere Ideen aus und sehen Sie auf einen Blick, welche Zutaten benötigt werden. So wird selbst das Einkaufen zu einem Kinderspiel und es wandern weniger überflüssigerweise gekaufte Lebensmittel in den Müll. Ein weiterer positiver Effekt, neben der Zeit- und Geld-ersparnis, ist die bewusste Ernährung. Sie wollen abnehmen oder sich einfach gesünder ernähren, aber dabei auf nichts verzichten müssen? Dann ist „Meal Prep“ die richtige Methode. Sie können einfach lecker, frisch, bewusst und vor allem gesund essen und wissen stets genau, welche Zutaten und Inhaltsstoffe in ihren Mahlzeiten enthalten sind. Dieses Kochbuch bietet eine Vielzahl von leckeren Gerichten, gesunden Zutaten, Abwechslung und Kreativität. Es ist für jeden Geschmack etwas zu entdecken und auszuprobieren.

Übersicht der Rezepte

Die Welt des Vorkochens

Was versteht man unter dem Meal-Prep-Trend? Wo kommt er her?

Die Idee des „Vorkochens“ gibt es in Haushalten der ganzen Welt schon seit sehr langer Zeit, doch seit kurzem hat diese Art des Kochens auch einen Namen: „Meal Preparation“ oder auch „Meal Prep“. Dabei werden frische Lebensmittel direkt verarbeitet und als Mahlzeiten und Gerichte für mehrere Tage oder sogar einige Wochen präpariert oder vorbereitet. In Dosen und Gefäßen können sie aufbewahrt werden und es wird Zeit und Geld gespart. Nun kann man sich sicher sein, dass jederzeit eine frische und gesunde Mahlzeit zu Hause auf einen wartet. Auch für unterwegs, auf der Arbeit, in der Uni oder beim Sport eignet sich der Meal-Prep-Trend. In Dosen verpackt kann man das vorbereitete Essen einfach in der Tasche mitnehmen und spart sich so das Geld für den Bäcker oder die Kantine. Ursprünglich stammt dieser Trend aus den USA und wurde durch Fitness-Blogger und Ernährungsexperten bekannt gemacht. Nun kommt diese clevere Art der Ernährung auch nach Deutschland und es lohnt sich genauer hinzuschauen, denn diese Methode ist nicht nur praktisch, sondern birgt auch viele Vorteile in sich. Zum einen kann man Geld und Zeit sparen, zum anderen fördert es die gesunde und bewusste Ernährung ohne viel Aufwand.

Welche Gerichte eignen sich zur Vorbereitung?

Vor allem Gemüse eignet sich hervorragend für die Verarbeitung mit der Meal-Prep-Methode. Die bunte Vielfalt sieht nicht nur gut aus, sondern enthält viele wichtige Vitamine. Paprika, Gurken, Tomaten, Kohlrabi, Brokkoli, Rosenkohl und viele weitere Ideen finden Sie hier im Kochbuch. Auch tiefgekühltes Gemüse kann verwendet werden. Es hat ebenso viele Vitamine wie frisches Gemüse und ist häufig schon mundgerecht zerkleinert, sodass selbst beim Gemüseschneiden Zeit gespart werden kann. Neben reichlich Gemüse dürfen für eine ausgewogene Mahlzeit auch wichtige Proteine nicht fehlen. Dazu gehören Fischprodukte wie Lachs, Thunfisch und Garnelen, Fleisch wie Hähnchen- und Putenbrust oder Rindfleisch,

Käse, Eier und auch Tofu. Auch Kohlenhydrate sind eine nicht zu vernachlässigende Energiequelle. Dazu zählen Erbsen, Bohnen, Linsen, Reis, Nudeln und Kartoffeln. Aus all diesen Zutaten kann man mit Hilfe dieses Kochbuchs viele leckere, abwechslungsreiche und kreative Rezepte und Gerichte zusammenstellen. Dabei steht wieder die Planung im Vordergrund. Gab es an Tag 1 Fisch mit Nudeln, so kann man denselben Fisch am Tag darauf mit einem anderen Grundnahrungsmittel und frischem Gemüse kombinieren. So stellt man eine ausgewogene und abwechslungsreiche Ernährung sicher.

Und für den kleinen Hunger zwischendurch ein gesunder Snack? Dazu lassen sich wunderbar Obst und Nüsse vorbereiten. Äpfel, Bananen, Trauben oder Mandarinen, Hasel-, Erd- oder Walnuss. Es eignet sich alles, was Ihr Herz begehrt.

Für wie viele Tage im Voraus kann man kochen?

Wie viele Mahlzeiten Sie letztendlich kochen, das bleibt Ihnen selbst überlassen, aber je nach Aufbewahrung kann man das Essen sogar einige Wochen vorkochen und lagern. Es gibt Lebensmittel, die genießt man am besten ganz frisch innerhalb der ersten ein bis zwei Tage. Andere halten sich etwas länger und schmecken auch eine Woche nach der Zubereitung noch super frisch. Außerdem spielt die Lagerung, Aufbewahrung und Konservierung der vorbereiteten Gerichte und Zutaten eine große Rolle, wenn es um die Planung und Haltbarkeit der Mahlzeiten geht.

Wie lässt sich das Essen am besten aufbewahren?

Alle Gefäße, in denen sich Essen auslaufsicher aufbewahren lässt, sind geeignet, um die Gerichte zu verstauen. Das können Einmachgläser, Lunchboxen, Tupperware oder ähnliche Plastikbehälter sein. Achten Sie hierbei allerdings darauf, dass das Plastik ohne Weichmacher hergestellt sein sollte. Und wenn Sie Ihr Essen in der Mikrowelle erwärmen wollen, dann sollten sich die Behälter auch mikrowellenfest sein und im Geschirrspüler reinigen lassen. Viele Hersteller bieten bereits extra auf Meal- oder Food-Prep abgestimmte Boxen und Behälter mit kleinen und großen Fächern im Internet an. Je nach Gericht und Dose kann man die Zutaten stapeln oder in „Containern“ anrichten, denn das Auge isst bekanntlich mit. Hierbei sollte sich für Jeden das Richtige finden. Vielleicht schauen Sie sich aber zuerst einmal im eigenen Haushalt um. Häufig finden sich noch leere Marmeladengläser oder nicht genutzte Einmachgläser, die einfach als Aufbewahrung für Suppen oder Eintöpfe umfunktioniert werden können. So tun Sie nicht nur sich selbst mit gesundem Essen etwas Gutes, auch die Umwelt und Ihr Geldbeutel werden durch wiederverwendbare Behälter und Gläser geschont.

Für ein bis drei Tage kann das Essen bedenkenlos im Kühlschrank gelagert und luftdicht verschlossen aufbewahrt werden und es bleibt die ganze Zeit über frisch. Planen Sie, das gekochte oder vorbereitete Gericht länger als drei Tage zu lagern, dann bietet sich die Kühltruhe an. Gefroren ist die Mahlzeit auch über einen längeren Zeitraum hinweg haltbar. Es ist ratsam, auf jeden Fall genügend Behälter, Aufbewahrungsmöglichkeiten und Platz in der Truhe vorrätig zu haben, damit Platzmangel später nach dem Kochen nicht zu einem Problem wird.

Meal-Planung: Wie kann das Essen am besten im Voraus geplant werden?

Es gibt einige Tipps und Tricks, die sich bei der Planung des Kochens anwenden lassen. Zunächst einmal sollten Sie sich darüber klarwerden, für wie viele Tage und für wie viele Personen das Essen reichen soll. Außerdem sollten Sie herausfinden, welche Mahlzeit Sie vorbereiten wollen – das kann das Frühstück sein, aber auch das Mittag- oder Abendessen. Auch für zwei oder drei Mahlzeiten am Tag kann vorgekocht und fertig geschnippelt werden. Wenn Sie Einsteiger sind, dann empfiehlt es sich, nicht allzu viel zu verlangen, sondern höchstens eine warme Mahlzeit und einen Snack pro Tag einzuplanen. Wenn Sie den Dreh raushaben und dies schon reibungslos funktioniert, dann können Sie die Mahlzeiten pro Tag und die Variationen langsam steigern.

Ganz wichtig: Schreiben Sie alles auf, um organisiert zu bleiben und lassen Sie sich hierbei von verschiedenen Rezepten inspirieren. Dabei sollte man sich vor allem an die Grundnahrungsmittel halten und davon größere Mengen zubereiten, denn sie sind lange haltbar und lassen sich gut mit Beilagen kombinieren, sodass ein wenig Pepp in das Meal-Prepping gebracht werden kann. Hierzu eignen sich Kartoffeln, Nudeln und Reis besonders gut, aber auch Hähnchen, Fisch und mageres Rindfleisch. Gemüse sollte dann als Beilage variiert werden und somit Kreativität und Abwechslung in die Mahlzeiten bringen. Auch Gewürze und Soßen spielen beim Food-Prepping eine große Rolle, denn sie verwandeln das Essen ebenfalls in ein neues Geschmackserlebnis und es wird nicht langweilig, auch mal mehrere Tage von dem selben Grundnahrungsmittel zu leben.

Organisation: Das ist das Schlagwort für die Methode des Meal-Preppings. Das heißt aufschreiben, nachdenken, planen. Eine bewährte Vorgehensweise ist die „Sonntags-Strategie". Dazu werden am Samstag alle benötigten Lebensmittel eingekauft und der Sonntag steht dann ganz unter dem Motto: Kochen was das Zeug hält. Es wird nun für die ganze Woche geschnippelt, vorgekocht, kombiniert, eingepackt und sowohl kühl gelagert als auch eingefroren. Anstelle des Sonntags können Sie natürlich jeden beliebigen Tag, an dem Sie einige Zeit zum Kochen freischaufeln können, zum „Kochtag" ernennen und die Gerichte für die kommenden Tage oder Wochen vorbereiten. Der Sonntag hat sich für viele als gute Möglichkeit herausgestellt, um Zeit in der Küche zu verbringen.

Alternativ dazu kann an dem Kochtag, sei es der Sonntag oder ein anderer Tag, auch nur für drei bis vier Tage vorgekocht werden. Zusätzlich bestimmt man einen weiteren Kochtag, an dem für die restlichen Tage vorbereitet wird.

Beide Methoden haben sich bewährt, doch jeder muss individuell für sich herausfinden, was zu ihm am besten passt und wie die zeitliche Einteilung am sinnvollsten funktioniert. Zusätzlich gibt es auch die Möglichkeit, Gemüse einmal im Monat als Vorrat kleinzuschneiden. Meal Prep bedeutet nicht nur, alle Zutaten direkt zu kochen. Eingefroren und in mundgerechte Stücke geschnitten kann das Gemüse dann aufgetaut werden, wenn es gebraucht wird. Das spart zusätzlich Zeit und ist schnell gemacht. Wenn alles gut organisiert ist und reibungslos läuft, dann sollte die wöchentliche Zubereitung der Mahlzeiten nicht länger als zwei bis drei Stunden in Anspruch nehmen. Also deutlich weniger Aufwand, als die Gerichte jeden Tag aufs Neue zuzubereiten. Gewinnen Sie Routine und Meal Prep wird Ihre Gesundheit und Zeitverfügbarkeit deutlich optimieren.

Welche Methoden des Haltbarmachens gibt es?

Zum einen kann man die Zutaten, die man für die nächsten Tage oder auch für einen längeren Zeitraum haltbar machen möchte, einkochen, einwecken oder einmachen. Dafür eignen sich frisches Obst und Gemüse, aber auch Wurst- und Fleischfleischwaren sowie Käse. Dabei werden die Lebensmittel in einem Einmachglas und heißem Wasser gekocht und anschließend luftdicht verschlossen, sodass Keime keine Chance mehr haben, das Eingekochte zu verderben. Anschließend sollten die Gläser an einem dunklen, kühlen und trockenen Ort aufbewahrt werden. So bleiben sie einige Monate lang haltbar und können, je nach Bedarf, hervorgeholt und verwendet werden.

Eingefroren, in Gefrierbeuteln und luftdicht verpackt, bleiben Obst und Gemüse viele Wochen lang frisch und der Vitaminverlust ist sehr gering. Bakterien können sich in der Kälte nicht vermehren und dadurch halten die Zutaten für eine lange Zeit.

Obst und Gemüse, Pilze, Knoblauch und Kräuter: Diese Lebensmittel kann man im Backofen trocknen und sie bleiben für mindestens ein Jahr lang haltbar. Gelagert werden sie anschließend in luftdichten und trockenen Verpackungen.

Konserviert und eingelegt in Öl kann man Gemüse bis zu vier Monate haltbar machen. Dabei wird frisch getrocknetes oder leicht angebratenes Gemüse in ein Glas voller Öl geschichtet und dunkel und kühl gelagert. Auch Alkohol und Essig eignen sich gut, um Früchte und Gemüse einzulegen. Zu allen Methoden und Konservierungsverfahren gibt es viele verschiedene Anleitungen und genaue Beschreibungen. Halten Sie sich hierbei am besten genauestens an die Angaben im Rezept.

Sie merken also: Eine Umstellung auf die Meal-Prep-Methode hat einige Vorteile. Sie sparen viel Zeit und können sich trotz beruflichen-, schulischen- oder anderen Verpflichtungen bewusst, gesund und stressfrei ernähren. Neben der Zeit sparen Sie auch einiges an Geld. Kosten für den Lieferservice oder Kantinenbesuche zwischendurch fallen weg und weniger Lebensmittel landen aufgrund ungenauer oder schlechter Planung im Müll. Es lohnt sich also, an einem bis zwei Tagen in der Woche intensiv über den gesunden Lebensstil nachzudenken und sich damit zu beschäftigen. Die folgenden Rezepte bieten Ihnen Inspirationen und Hilfe bei diesem Schritt, der Sie entlasten und zu einem gesünderen Leben führen wird.

Rezepte

Beeren-Bananen-Pfannkuchen

2 Portionen – 20 Minuten Zubereitungszeit

Zutaten:

- 120ml Milch
- 60g Mehl
- 1 TL Backpulver
- 1 EL Zucker
- 1 Prise Salz
- 15g Butter
- 1 Ei, Größe M
- 1 Banane, mittelgroß
- 1 EL Pflanzenöl
- 150g Erdbeeren, gefroren
- 1 EL Orangensaft

1. Mehl, Zucker, Salz und Backpulver in einer kleinen Schüssel verrühren.
2. Butter in einem kleinen Topf oder in der Mikrowelle schmelzen.
3. In einer mittelgroßen Schüssel Milch, Butter und Ei verrühren und anschließend die trockenen Zutaten dazugeben und ebenfalls verrühren.
4. Banane in Stücke schneiden und in einer Schüssel mit einer Gabel zerdrücken.
5. Bananenmus und Pfannkuchenteig zusammengeben und gut vermischen.
6. Pflanzenöl in eine kleine Pfanne und auf mittlerer Hitze erwärmen.
7. Pfannkuchenteig in die Pfanne geben und jeden Pfannkuchen 3 Minuten je Seite braten.
8. Für das Topping die Erdbeeren in derselben Pfanne 2 Minuten im Orangensaft kochen und über die Pfannkuchen geben.

Nährwertangaben pro Portion:

319 kcal | 45g Kohlenhydrate | 12g Fett | 10g Protein

Omelette mit Tomate und Knoblauch

2 Portionen – 40 Minuten Zubereitungszeit

Zutaten:

- 2 Tomaten, groß
- 15g Mozzarella, gerieben
- 1 Knoblauchzehe
- 1 Scheibe Weizenvollkornbrot
- 6 Eier
- 1 EL Pflanzenöl

1. Backofen auf 150°C vorheizen.
2. Tomaten und Knoblauch kleinschneiden.
3. Brot in kleine Würfel schneiden und mit Öl und Knoblauch in eine Schüssel geben.
4. Das Brot 15-25 Minuten im Ofen backen, bis die Würfel goldbraun sind. Anschließend auf einem Teller abkühlen lassen.
5. Eine Pfanne einfetten und die geschlagenen Eier hineingeben. Die Masse gleichmäßig in der Pfanne verteilen und auf niedriger Hitze braten.
6. Wenn das Ei auch von oben angebraten ist, Käse, Basilikum, Tomaten und Brotwürfel dazugeben, das Omelette in der Mitte falten und noch ein wenig weiter braten.

Nährwertangaben pro Portion:

363 kcal | 10g Kohlenhydrate | 29g Fett | 25g Protein

Haferbrei-Muffins

12 Portionen – 40 Minuten Zubereitungszeit

Zutaten:

- 750ml Wasser
- 75g griechischer Joghurt
- 140g Haferflocken
- 40g Rosinen
- 1 Banane
- 1 Ei
- 1 Prise Salz

1. Backofen auf 190°C vorheizen.
2. Banane in dünne Scheiben schneiden.
3. Wasser in einem Kochtopf füllen und Haferflocken, Salz und Früchte dazugeben.
4. Haferflocken ca. 20 Minuten kochen, bis sie die gewünschte Konsistenz erreicht haben. Dann in eine große Schüssel umfüllen und ein paar Minuten abkühlen lassen.
5. Griechischen Joghurt und Ei hinzugeben und gut verrühren.
6. 12 Muffinförmchen einfetten und sie mit der Haferflockenmischung befüllen.
7. Muffins ca. 20 Minuten backen.

Nährwertangaben pro Portion:

77 kcal | 11g Kohlenhydrate | 2g Fett | 3g Protein

Morgendliche Energiespende

2 Portionen – 35 Minuten Zubereitungszeit

Zutaten:

- 40ml Mandelmilch, ungesüßt
- 8 Eier, Größe L
- 60g Broccoli
- 20g Spinat
- 60g (grüne) Paprika
- etwas Butter
- Salz und Pfeffer

1. Broccoli, Spinat und Paprika kleinschneiden.
2. Backofen auf 180°C vorheizen und 4 Löcher eines Muffin-Blechs mit der Butter einfetten.
3. In einer mittelgroßen Schüssel die Eier mit der Milch grob verquirlen. Nach Belieben würzen und zur Seite stellen.
4. In einer weiteren Schüssel Spinat, Paprika und Broccoli vermischen und auf das Muffin-Blech verteilen.
5. Die Ei-Milch-Mischung ebenfalls auf das Blech aufteilen.
6. Im Ofen 15-20 Minuten backen, bis das Ei gestockt ist.

Nährwertangaben pro Portion:

467 kcal | 5g Kohlenhydrate | 40g Fett | 32g Protein

Frühstücksburrito

2 Portionen – 15 Minuten Zubereitungszeit

Zutaten:

- 120g Chorizos
- 75g Zwiebeln
- 90g rote Paprika
- 2 Vollkorntortilla
- 2 Eier
- 4 EL Sauerrahm
- 60g Gouda, gerieben

1. Backofen auf 200°C vorheizen.
2. Chorizos, Zwiebeln und Paprika kleinschneiden und in einer kleinen Pfanne bei mittlerer Hitze durchbraten. Überschüssiges Fett abtropfen lassen.
3. Die Tortillas auf Backpapier legen, mit feuchten Geschirrtüchern abdecken und ca. 3 Minuten backen.
4. Währenddessen Eier aufschlagen diese mit Sauerrahm in einer kleinen Schüssel verrühren.
5. Die Mischung zu den Chorizos in die Pfanne geben und bei mittlerer Hitze stetig rühren.
6. Die Tortillas aus dem Ofen nehmen und Rührei in die Mitte geben. Burritos falten und eine Minute ruhen lassen, bis sie zugeschmolzen sind.

Nährwertangaben pro Portion:

753 kcal | 42g Kohlenhydrate | 36g Fett | 38g Protein

California-Sandwich

2 Portionen – 10 Minuten Zubereitungszeit

Zutaten:

- 2 Eier, Größe L
- 40g Zwiebeln
- 5g Butter
- 10g Pilze
- ½ Avocado, klein
- 35g Tomaten
- 20g Cheddar, gerieben
- 2 Vollkorntoasties

1. Eier aufschlagen und mit einem Schneebesen verrühren.
2. Zwiebeln und Tomaten kleinschneiden, Pilze und Avocado in Scheiben schneiden.
3. Zwiebeln mit Butter in einer großen Pfanne anschwitzen.
4. Pilze, Avocado und Tomaten dazugeben, gelegentlich umrühren.
5. Geschlagene Eier dazugeben und braten, bis sie fest sind. Dann den Käse hinzufügen.
6. Vollkorntoasties toasten und die Eiermasse auf ihnen verteilen.

Nährwertangaben pro Portion:

324 kcal | 23g Kohlenhydrate | 19g Fett | 16g Protein

Bananenbrot

6 Portionen – 90 Minuten Zubereitungszeit

Zutaten:

- 220g Zucker, braun
- 3 reife Bananen
- 110g Kokosöl
- 1 TL Vanillepulver
- 60ml Kokosmilch
- 1 TL Apfelessig
- 250g Mehl
- ¾ TL Backnatron
- 1 TL Zimt
- vegane Margarine

Sportlervariante: Süßen mit natürlichem Süßstoff Xylit oder Stevia

1. Backofen auf 180°C vorheizen. Kastenblech (ca. 23x13 cm) einfetten.
2. Bananen pürieren und Kokosöl in einem kleinen Topf oder in der Mikrowelle schmelzen.
3. Zucker, Bananen und Kokosöl in einer Schüssel cremig rühren. Danach Vanille, Kokosmilch und Apfelessig unterrühren.
4. In einer weiteren Schüssel Mehl, Natron und Zimt vermischen und unter die flüssigen Zutaten heben. Die Masse anschließend in das Kastenblech füllen.
5. 1 Stunde backen. Tipp: Einen Zahnstocher in die Mitte des Brotes stecken. Das Brot ist fertig gebacken, wenn er sauber wieder herauskommt.
6. Brot 10 Minuten im Blech abkühlen lassen, dann das Blech über einem Rost umdrehen.

Nährwertangaben pro Portion:

538 kcal | 77g Kohlenhydrate | 22g Fett | 6g Protein

Tofu-Quiches

4 Portionen – 40 Minuten Zubereitungszeit

Zutaten:

- 480g Seidentofu, abgetropft
- 60g Hummus
- 1 EL Nährhefe
- 3g Kurkuma
- 250g Spinat, gefroren und geschnitten
- 1 Knoblauchzehe, kleingeschnitten
- vegane Margarine
- Salz, schwarzer Pfeffer

1. Backofen auf 190°C vorheizen. Muffinförmchen einfetten.
2. Tofu und Spinat abtropfen lassen, anschließend Tofu, Spinat und Knoblauch kleinschneiden.
3. Alle Zutaten verrühren und in die Muffinförmchen geben.
4. Ca. 20 Minuten backen, oder bis die Muffins fest und leicht braun sind.
5. 10 Minuten in den Förmchen abkühlen lassen, dann auf einen Rost legen und weiter abkühlen lassen.

Nährwertangaben pro Portion:

116 kcal | 5g Kohlenhydrate | 7g Fett | 8g Protein

French Toast

2 Portionen – 40 Minuten Zubereitungszeit

Zutaten:

- ⅓ Scheibe Vollkorntoast
- 150ml Mandelmilch
- 35g Zucker
- ⅓ TL Vanillepulver
- ⅓ TL Zimt
- 25g Rosinen
- 80ml Ahornsirup
- vegane Margarine

Sportlervariante: Süßen mit natürlichem Süßstoff Xylit oder Stevia

1. Backofen auf 180°C vorheizen und Brot würfeln.
2. 2 Backformen für Einzelportionen leicht einfetten und das Brot darin verteilen.
3. Mandelmilch, Zucker, Vanille, Zimt und Rosinen in einer Schüssel verrühren. Über das Brot gießen.
4. Im Backofen ca. 30 Minuten backen.

Nährwertangaben pro Portion:

295 kcal | 50g Kohlenhydrate | 6g Fett | 2g Protein

Veganes English Breakfast

2 Portionen – 45 Minuten Zubereitungszeit

Zutaten:

- 125g Tofu, schnittfest
- 1g Nährhefe
- 1g Kurkuma
- 2 TL Olivenöl
- 150g große Pilze
- 1 Tomate
- 2 Frühstückswürstchen, ohne Fleisch
- 50g Baked Beans
- 2 Scheiben veganes Brot
- Salz und Pfeffer

1. Stiele von Pilzen entfernen, Tomaten in Spalten schneiden und Brot diagonal halbieren.
2. Tofu zerreißen und in eine Schüssel geben. Kurkuma, Salz und Pfeffer dazu streuen und alles vermischen.
3. Tomaten in eine Pfanne geben und anbraten, bis sie braun sind. Auf den Teller zu den Pilzen geben.
4. Tofu in die Pfanne geben und kochen, bis das überschüssige Wasser verdunstet ist.
5. Tofu, Pilze, Tomaten, Würstchen und Bohnen in einen flachen Behälter geben und Brot in Folie wickeln.

Nährwertangaben pro Portion:
340 kcal | 19g Kohlenhydrate | 21g Fett | 20g Protein

Mais-Pitas mit schwarzen Bohnen

2 Portionen – 15 Minuten Zubereitungszeit

Zutaten:

- 425g Schwarze Bohnen aus der Dose
- 80g Mais
- ½ Avocado
- 110g Tomaten aus der Dose
- ½ Knoblauchzehe
- ½ EL Petersilie, gehackt
- ½ TL Pfeffer
- 1 EL Limettensaft
- 1 Pita, mittelgroß
- 2g Chilipulver
- 170g Mozzarella, gerieben

1. Bohnen waschen und gründlich abspülen. Avocado und Knoblauch kleinschneiden und Petersilie hacken.
2. Bohnen, Mais, Tomaten, Knoblauch und Avocado zusammen in eine mittelgroße Schüssel geben.
3. Pfeffer, Chilipulver, Limettensaft und Petersilie hinzufügen und gründlich mischen.
4. Pita halbieren und die Füllung mit einem Löffel einfüllen.
5. Pita mit Käse bedecken.

Nährwertangaben pro Portion:

440 kcal | 35g Kohlenhydrate | 17g Fett | 30g Protein

Salat mit grünem Chili und Mais

2 Portionen – 10 Minuten Zubereitungszeit

Zutaten:

- 80g Mais
- 2 EL Koriander, kleingeschnitten
- 2 Tomaten, mittelgroß
- ½ grüne Chili
- 1 Eisbergsalat
- 60g Frühlingszwiebeln
- 1½ TL Pflanzenöl
- ½ EL Limettensaft

1. Koriander kleinschneiden, Tomaten und Chili würfeln und Zwiebeln in Scheiben schneiden. Eisbergsalat waschen und schneiden.
2. Alle Zutaten in einer großen Schüssel gut mischen.

Nährwertangaben pro Portion:

116 kcal | 12g Kohlenhydrate | 8g Fett | 3g Protein

Avocado-Salat

2 Portionen – 15 Minuten Zubereitungszeit

Zutaten:

- ca. 200g Salatblätter, gemischt
- 1 Tomate, mittelgroß
- 1 Gurke, klein
- 4 Frühlingszwiebeln
- 2 Avocado, klein
- 3 TL Limettensaft
- ½ TL Salz
- ½ TL Knoblauchpulver
- ¼ TL schwarzer Pfeffer, gemahlen

1. Salatblätter kleinreißen, Gurke, Frühlingszwiebeln und Avocado schälen. Tomate, Gurke und Frühlingszwiebeln kleinschneiden.
2. Salatblätter, Gurke, Frühlingszwiebeln und Tomate in eine große Schüssel geben.
3. In einer kleinen Schüssel Limettensaft, Pfeffer, Salz und Knoblauch vermischen.
4. Avocado halbieren und auf den Salat legen. Das Dressing kurz vor Verzehr hinzufügen (Rezepte dafür gibt es ebenfalls in diesem Buch).

Nährwertangaben pro Portion:
261 kcal | 16g Kohlenhydrate | 21g Fett | 5g Protein

Gemüse-Quesadilla

2 Portionen – 25 Minuten Zubereitungszeit

Zutaten:

- 50g (grüne) Paprika
- 40g Mais
- 60g Frühlingszwiebeln
- 50g Tomate
- 30g Cheddar, gerieben
- 1 EL Koriander
- 2 Tortillas, Ø 15cm
- etwas Butter oder Pflanzenöl

1. Paprika und Tomate kleinschneiden, Frühlingszwiebeln in Scheiben schneiden, Koriander kleinhacken.
2. Butter oder Öl in eine Pfanne geben und Paprika und Mais etwa Minuten braten, bis sie weich sind. Dann Zwiebeln und Tomate dazugeben und eine Weile braten. Anschießend Koriander dazugeben und umrühren.
3. In eine weitere Pfanne Butter/Öl geben und die Tortillas erhitzen. Gleiche Mengen an Gemüse und Käse darauf geben. Falten und braten, bis der Käse geschmolzen ist und die Tortillas knusprig und leicht braun sind.

Nährwertangaben pro Portion:
304 kcal | 32g Kohlenhydrate | 16g Fett | 10g Protein

Couscous-Bowl

2 Portionen – 40 Minuten Zubereitungszeit

Zutaten:

- 85g Couscous
- 120ml Wasser
- ½ Paprika, rot, zerkleinert
- 2 Zwiebeln
- 75g Cherry-Tomaten
- 15g Parmesan
- ½ Knoblauchzehe
- 1 ½ TL Olivenöl
- Basilikumblätter, frisch
- 1 TL Balsamico-Essig
- Salz und Pfeffer

1. Den Ofen auf 180 Grad vorheizen.
2. Das Wasser in einem Kochtopf bei mittlerer Hitze auf einer Herdplatte zum Kochen bringen und den Couscous hineingeben. Kochtopf mit einem Deckel abdecken, die Herdplatte ausschalten und für 7 Minuten „quellen“ lassen.
3. In einer Pfanne mit Olivenöl, Zwiebeln und Paprika für ca. 3 Minuten anbraten. Anschließend den Couscous, Tomaten, Salz, Pfeffer und Basilikum hinzugeben.
4. Die Zutaten auf einem Backblech positionieren, den Balsamico-Essig hinzugeben und für 25 Minuten im Ofen backen.
5. Den fertigen Couscous auf zwei Schüsseln aufteilen, mit Parmesan verfeinern.

Nährwertangaben pro Portion:

274 kcal | 41g Kohlenhydrate | 10g Fett | 9g Protein

Fünf-Schichten-Gemüselasagne

2 Portionen – 45 Minuten Zubereitungszeit

Zutaten:

- 2 EL Olivenöl
- ½ Aubergine, groß
- 35g Pilze
- 2 (rote) Paprika
- 350ml Marinara-Sauce (alternativ italienische Tomatensauce mit Kräutern)
- 1 Zucchini, mittelgroß
- 200g Grünkohl
- 125g Ricotta
- 15g Parmesan, gerieben
- 15g Pinienkerne, optional

1. Backofen auf 190° C vorheizen.
2. Aubergine und Zucchini in Streifen schneiden, Pilze und Paprika kleinschneiden.
3. In einem Mixer Grünkohl und Ricotta vermengen.
4. Einen EL Olivenöl in eine große Pfanne geben und darin die Pilze und die Paprika braten, bis sie weich sind.
5. Den Boden einer Auflaufform ungefähr mit einer Hälfte der Zucchinistreifen bedecken.
6. Über die Zucchini eine Schicht mit der Hälfte der Paprika und der Pilze geben und mit Marinara-Sauce bedecken.
7. Eine Schicht Auberginenstreifen darüber geben.
8. Den Rest der Paprika und der Pilze darauf geben und mit einer weiteren Schicht Marinara-Sauce bedecken.
9. Den Rest der Zucchinistreifen auf der Lasagne verteilen.
10. Den Ricotta-Grünkohl-Mix darauf verteilen und gleichmäßig mit Parmesan und Pinienkernen bedecken.
11. Ca. 30 Minuten backen.

Nährwertangaben pro Portion:

453 kcal | 29g Kohlenhydrate | 32g Fett | 20g Protein

Quinoa-Salat mit Feta und Mandeln

2 Portionen – 25 Minuten Zubereitungszeit

Zutaten:

- ½ EL Olivenöl
- ½ TL Koriander
- 750mg Kurkuma
- 85g Quinoa
- 25g Mandelsplitter, geröstet
- 50g Feta
- 120ml Wasser
- Hand voll Petersilie
- ¼ Zitrone

1. Koriander kleinhacken, Petersilie grob zerkleinern, Feta zerbröseln. Quinoa gründlich abspülen und Zitrone entsaften.
2. Olivenöl in einer großen Pfanne erhitzen.
3. Koriander und Kurkuma dazugeben und 1 Minute anschwitzen.
4. Anschließend das Quinoa ca. 1 Minute anbraten, bis Sie Plopp-Geräusche hören.
5. In einem kleinen Topf das Wasser zum Kochen bringen und anschließend mit dem Quinoa vermischen. Für 10-15 Minuten ziehen lassen, bis das Wasser verdampft ist.
6. Kurz abkühlen lassen und dann die restlichen Zutaten unterrühren.

Nährwertangaben pro Portion:

330 kcal | 31g Kohlenhydrate | 18g Fett | 12g Protein

Kalte Gurken-Kokosmilchsuppe

2 Portionen – 10 Minuten Zubereitungszeit

Zutaten:

- 1 Gurke
- 60ml Kokosmilch
- 1 Frühlingszwiebel
- 1 kleine Limette
- 90g (gelbe) Paprika
- ½ TL Kreuzkümmel, Pulver
- ½ TL Salz
- ½ TL Pfeffer

1. Gemüse abwaschen. Gurke (ungeschält) und Paprika würfeln, Frühlingszwiebel in dünne Scheiben schneiden und Limette entsaften.
2. Gurke, Kokosmilch, Frühlingszwiebel und Kreuzkümmel in einen Mixer geben und mixen, bis keine Stücke mehr darin sind.
3. Suppe mit Limettensaft, Salz und Pfeffer abschmecken.
4. Mit Paprika und den Blättern der Frühlingszwiebeln garnieren.

Nährwertangaben pro Portion:
84 kcal | 4g Kohlenhydrate | 7g Fett | 2g Protein

Caesar Salat-Bowl

2 Portionen – 10 Minuten Zubereitungszeit

Zutaten:

- ½ Knoblauchzehe
- 50g Parmesankäse, gerieben
- 250g Rosenkohl
- 40g Römersalat
- 1 EL Traubenkernöl
- 1 Eigelb
- 1 EL Olivenöl
- Saft einer halben Zitrone
- ¼ TL Worcestersauce
- ½ TL Rotweinessig
- ¼ TL Cayennepfeffer

1. Für das Dressing in einer Schüssel das Oliven- und Traubenkernöl mit einem Löffel vermischen.
2. Die Knoblauchzehe schälen und klein hacken. Eigelb, Zitronensaft, Worcestersauce, Parmesan, Essig, Cayennepfeffer, Knoblauch, Salz und Pfeffer mit einer Küchenmaschine in einer weiteren Schüssel vermixen.
3. In diese Schüssel nun das Öl geben und alles vermixen bis das Dressing vollkommen cremig ist.
4. Den Rosenkohl putzen. Mit einem Messer den Kohl halbieren und in kleine, dünne Streifen schneiden. Den Römersalat klein hacken.
5. In einer großen Schüssel den Rosenkohl und den Römersalat mit dem Dressing übergießen und gut vermischen.
6. Nun den Salat auf die beiden Servierschüsseln aufteilen und genießen.

Nährwertangaben pro Portion:

296 kcal | 5g Kohlenhydrate | 25g Fett | 16g Protein

Roter Sommersalat

2 Portionen – 70 Minuten Zubereitungszeit

Zutaten:

- 2 EL Traubenkernöl
- ½ Zwiebel
- ½ Kopf Rotkohl
- 300ml Apfelsaft
- 300g Cranberries, gefroren oder frisch
- ½ Aubergine
- Salz und Pfeffer

1. Gemüse abwaschen. Den Strunk vom Rotkohl entfernen und den Kohlkopf klein hacken. Gegebenenfalls Cranberries auftauen. Aubergine in kleine Stücke schneiden.
2. In einer Pfanne mit Deckel das Öl erhitzen und Zwiebel und Aubergine mindestens 10 Minuten anbraten, bis sie weich sind.
3. Den Rotkohl dazugeben und ca. 10 Minuten stetig rühren.
4. Apfelsaft hinzugeben und die Pfanne mit einem Deckel abdecken und unter gelegentlichem Umrühren ca. 45 Minuten kochen lassen.
5. Wenn der meiste Saft verdampft und der Rotkohl aufgeweicht ist, die Cranberries dazugeben und ca. 5 Minuten kochen lassen, bis diese aufplatzen.
6. Mit Salz und Pfeffer abschmecken.

Nährwertangaben pro Portion:

297 kcal | 41g Kohlenhydrate | 14g Fett | 2g Protein

! Süßkartoffel-Quinoa-Reibekuchen

2 Portionen – 120 Minuten Zubereitungszeit

Zutaten:

- 1 Süßkartoffel
- 120g Quinoa
- 450ml Wasser
- 1 Knoblauchzehe
- 1 Frühlingszwiebel
- 30g Semmelbrösel
- 1 TL Mehl
- 4 TL Pflanzenöl
- Salz und Pfeffer

1. Backofen auf 200°C vorheizen. Kartoffel mit einer Gemüsebürste abschrubben und Quinoa abspülen. Knoblauch zerhacken und Frühlingszwiebeln in Scheiben schneiden.
2. Kartoffel je nach Dicke zwischen 55 und 65 Minuten backen.
3. Das Wasser in einem Topf zum Kochen bringen, Quinoa einstreuen und zugedeckt bei kleiner Hitze ca. 12 Minuten kochen. Anschließend vom Herd nehmen und 10 Minuten quellen lassen.
4. Süßkartoffel pellen und pürieren. Dann Quinoa, Frühlingszwiebel, Semmelbrösel und Mehl dazugeben und mit Salz und Pfeffer abschmecken.
5. Teig zu Bratlingen formen. Sollte der Teig zu dünnflüssig sein, mehr Mehl hinzugeben.
6. Öl in einer Pfanne erhitzen und die Bratlinge frittieren, bis sie von allen Seiten braun sind; ca. 3 Minuten pro Seite.
7. Auf einem Rost abtropfen lassen.

Nährwertangaben pro Portion:

472 kcal | 82g Kohlenhydrate | 14g Fett | 12g Protein

Tofusalat-Bowl mit Oliven und Tomaten

2 Portionen – 20 Minuten Zubereitungszeit

Zutaten:

- 6 Salatblätter
- 300g grüne Bohnen
- 300g Römersalat
- 150g Tofu
- 500g kleine rote Kartoffeln
- 6 schwarze Oliven
- 12 Kirschtomaten
- 2 EL Zitronensaft
- 1 Ei, hartgekocht
- 2 EL Rotweinessig
- 1 EL Olivenöl
- Schwarzer Pfeffer

1. Zu Beginn Oliven klein schneiden, sowie die Salatblätter waschen.
2. In einem großen Topf Wasser zum Kochen bringen und Bohnen und Kartoffel hineingeben. Nach etwa 6 Minuten die Bohnen herausnehmen und die Kartoffeln für weitere 12 Minuten kochen lassen. Die Kartoffeln nun vierteln und in den Bowls platzieren.
3. Den Salat ebenfalls aufteilen und darauf Tomaten, Bohnen und je eine Eihälfte verteilen.
4. In einer kleinen Schüssel Olivenöl, Pfeffer, Essig und Zitronensaft verrühren. Das Dressing über den Salat geben.
5. Über den Salat die Tofustückchen entweder kalt oder vorgedämpft geben und servieren.

Nährwertangaben pro Portion:

483 kcal | 62g Kohlenhydrate | 18g Fett | 20g Protein

Wraps mit selbstgemachtem Hummus

2 Portionen – 40 Minuten Zubereitungszeit

Zutaten:

- 60g Kichererbsen, aus der Dose
- 35g Tahini
- 1 EL Olivenöl
- ½ Zitrone
- 1 Knoblauchzehe
- ½ TL Kreuzkümmel
- ½ TL Salz
- ½ TL schwarzer Pfeffer
- 2 Weizentortillas

1. 20ml Abtropfflüssigkeit von den Kichererbsen aufbewahren. Zitrone entsaften und Knoblauch kleinhacken.
2. Alle Zutaten (bis auf die Tortillas) in einen Mixer geben und mixen, bis eine homogene Masse entstanden ist (Hummus).
3. Hummus auf die Tortillas aufteilen.
4. Gegenüberliegende Seiten einfalten und dann zusammenrollen.

Nährwertangaben pro Portion:

464 kcal | 51g Kohlenhydrate | 22g Fett | 16g Protein

Thailändisches Kürbiscurry

4 Portionen – 60 Minuten Zubereitungszeit

Zutaten:

- 50g rote Thai-Currypaste
- 400ml Kokosmilch
- 1 Butternusskürbis (o. Ä.), klein
- 100g Zuckerschoten
- 240g Reis
- 2g Koriander, frisch

1. Kürbis würfeln, Koriander und Zuckerschoten kleinschneiden.
2. Reis wie gewöhnlich kochen.
3. Eine Pfanne erhitzen und die Currypaste hineingeben. Braten, bis sie duftet.
4. Kokosmilch und bei Bedarf etwas Wasser dazugeben. Umrühren, bis alles gut vermischt ist.
5. Kurz aufkochen lassen. Kürbis hinzufügen und zudecken.
6. Unter gelegentlichem Umrühren ca. 30 Minuten kochen, bis das Essen fast gar ist.
7. Erbsen unterrühren und weitere 5 Minuten kochen.

Nährwertangaben pro Portion:

489 kcal | 50g Kohlenhydrate | 25g Fett | 7g Protein

Marinierte Thunfisch-Steaks

2 Portionen – 15 Minuten Zubereitungszeit

Zutaten:

- 1 EL Olivenöl
- 1 TL Kreuzkümmel
- 1 EL Limettensaft
- 1 TL Koriander
- 250g Thunfischsteak

1. Olivenöl, Kreuzkümmel, Limettensaft und Koriander in einer flachen Schale vermischen. Fisch hineingeben und wenden.
2. 20 Minuten ziehen lassen.
3. Grill erhitzen. Thunfisch aus der Marinade nehmen und jede Seite ca. 2 Minuten über hoher Hitze grillen.

Nährwertangaben pro Portion:

270 kcal | 0g Kohlenhydrate | 22g Fett | 23g Protein

Low Carb Sahne-Spinat mit Lachs

2 Portionen – 35 Minuten Zubereitungszeit

Zutaten:

- 250g Lachs
- 600g Spinat
- 1 weiße Zwiebel
- 1 Brühwürfel
- 100ml Wasser
- 2 Knoblauchzehen
- 100ml Schlagsahne
- 1 EL Olivenöl
- 4 EL Butter
- ½ Zitrone
- Salz und Pfeffer

1. Den Lachs abwaschen, mit Olivenöl bestreichen und würzen. In Alufolie einwickeln. Ofen auf 200 Grad Umluft vorheizen und den Lachs ca. 30 Minuten backen.
2. Den Spinat zusammen mit Wasser, geschnittenen Zwiebeln und dem Brühwürfel in einer Pfanne erhitzen.
3. Knoblauch schälen und kleinhacken. Ebenfalls mit in die Pfanne geben. Für ca. 10 Minuten auf mittlerer Hitze köcheln und gelegentlich umrühren.
4. Sobald der Spinat weich ist und nicht mehr viel Flüssigkeit in der Pfanne ist die Schlagsahne und die Butter zugeben. Salzen und pfeffern.
5. Pfanneninhalt in eine Schüssel geben und mit einem Stabmixer zerkleinern.
6. Den Spinat zusammen mit dem Lachs servieren. Mit Zitronenvierteln garnieren.

Nährwertangaben pro Portion:

669 kcal | 6g Kohlenhydrate | 65g Fett | 30g Protein

Apfel-Thunfisch-Salat

2 Portionen – 15 Minuten Zubereitungszeit

Zutaten:

- 15g rote Zwiebel
- Thunfisch, 1 Dose
- ½ Apfel, mittelgroß
- 15g Sellerie
- 20g Rosinen
- 2 TL italienisches Dressing, light
- 75g Salatblätter
- 1 Pita, mittelgroß

1. Zwiebel, Apfel und Sellerie kleinschneiden.
2. In einer Schüssel Apfel, Sellerie, Thunfisch, Zwiebel und Rosinen verrühren und 1 TL Dressing dazugeben. Gut vermischen.
3. In eine weitere Schüssel die Salatblätter mit dem Rest des Dressings geben. Gut vermischen.
4. Pita halbieren und zu gleichen Teilen mit Thunfisch-Mischung und Salat befüllen.

Nährwertangaben pro Portion:

214 kcal | 23g Kohlenhydrate | 3g Fett | 25g Protein

Linguini mit Jakobsmuscheln

2 Portionen – 35 Minuten Zubereitungszeit

Zutaten:

- 1 ½ TL Olivenöl
- 5g Schalotten
- ½ Knoblauchzehe
- 1 EL Petersilie
- 1 EL Basilikum
- ¼ TL rote Paprikaflocken
- 225g Tomaten, aus der Dose
- 120ml Weißwein, trocken
- 1 EL Tomatenmark
- 250g Jakobsmuscheln
- 115g Artischockenherzen, gefroren
- 40g Vollkornlinguini
- 1 EL Pinienkerne, geröstet

1. Artischockenherzen auftauen. Schalotten, Petersilie und Basilikum kleinhacken und Knoblauch und Paprikaflocken zerdrücken.
2. In einem Topf (Volumen von ca. 3 Liter) Öl über mittlerer Hitze erhitzen.
3. Schalotten und Knoblauch in den Topf geben und 3 Minuten anbraten.
4. Petersilie, Basilikum, Paprikaflocken, Tomaten, Wein und Tomatenmark dazugeben.
5. Zum Kochen bringen. Umrühren, um die Tomaten zu zerkleinern.
6. Zudecken und 20 Minuten köcheln lassen.
7. Große Muscheln halbieren. Muscheln und Artischockenherzen zur Tomatenmischung geben.
8. Kochen lassen, bis die Muscheln gekocht und die Artischocken heiß sind.
9. Linguini nach Anweisung auf der Packung kochen und abgießen.
10. Auf tiefen Tellern anrichten und mit Pinienkernen garnieren.

Nährwertangaben pro Portion:

367 kcal | 27g Kohlenhydrate | 12g Fett | 27g Protein

Zitronenlachs mit Gemüse

2 Portionen – 45 Minuten Zubereitungszeit

Zutaten:

- 170g Lachsfilet
- 1 Süßkartoffel
- ¼ TL Kreuzkümmel
- 350g Broccoli
- 3 EL Olivenöl
- 1 EL Zitronensaft
- ¼ TL Knoblauchpulver
- ½ EL Butter
- Salz und Pfeffer
- ¼ TL rote Paprikaflocken/ Thymian, optional

1. Backofen auf 220°C vorheizen.
2. Süßkartoffel würfeln, Broccoli zerkleinern.
3. Backblech einfetten und Süßkartoffelwürfel darauf verteilen. Mit ein wenig Olivenöl, Kreuzkümmel, Salz und Pfeffer bedecken.
4. Ca. 15 Minuten backen.
5. Auf einem weiteren Backblech Broccoli verteilen, mit ein wenig Olivenöl bedecken und nach Belieben würzen. Zur Seite legen.
6. Während die Kartoffel backt, Butter, Knoblauchpulver, Thymian/Paprikaflocken, Salz, Pfeffer und Zitronensaft vermischen und ca. 15 Sekunden in der Mikrowelle erhitzen, bis die Butter geschmolzen ist.
7. Ein weiteres Backblech mit Aluminiumfolie auslegen und diese einfetten. Lachs darauflegen und mit der Butter-Zitronen-Mischung beträufeln.
8. Wenn die Kartoffel fertig gebacken ist, zum Lachs und dem Broccoli geben und alles zusammen ca. 8 Minuten backen.
9. Wenn der Lachs fertig gebacken ist, diesen aus dem Ofen nehmen und die Kartoffeln und den Broccoli weiter backen, bis diese gar sind.

Nährwertangaben pro Portion:
489 kcal | 39g Kohlenhydrate | 33g Fett | 23g Protein

Knackige Hummerrolle

2 Portionen – 25 Minuten Zubereitungszeit

Zutaten:

- 340g Hummerfleisch, gefroren
- 2 EL Mayonnaise, light
- 1 TL Schnittlauch
- 1 TL frischer Estragon
- 100g Sellerie
- 1 TL Zitronensaft
- 4 Blätter Römersalat
- Salz und Pfeffer

1. Hummerfleisch im Kühlschrank auftauen.
2. In einem Kochtopf Wasser aufkochen und den Hummer 15 Minuten darin ziehen lassen.
3. Hummerfleisch, Schnittlauch, Estragon und Sellerie kleinschneiden, Salatblätter waschen.
4. Hummer und Mayonnaise in eine mittelgroße Schüssel geben. Umrühren, bis das Fleisch von der Mayonnaise bedeckt ist.
5. Anschließend Schnittlauch, Sellerie, Estragon, Zitronensaft, Pfeffer und Salz dazugeben und erneut gründlich umrühren.
6. Hummersalat in die Salatblätter geben und die Blätter einrollen.

Nährwertangaben pro Portion:

190 kcal | 3g Kohlenhydrate | 7g Fett | 29g Protein

Gegrillter Lachs mit Salat

2 Portionen – 30 Minuten Zubereitungszeit

Zutaten:

- 2 Portionen Lachs mit Haut à 200g
- 60ml Sojasauce
- 2 EL Ahornsirup
- 2 EL frischer Koriander
- 2 EL süßer Chili
- 250g Feldsalat
- 1 Knoblauchzehe
- 2 EL Olivenöl
- 1 Tomate, mittelgroß
- Eine Schalotte
- 2 EL italienisches Gewürz
- Salz

1. Backofen auf 190°C vorheizen.
2. Koriander kleinschneiden. Knoblauch und Schalotte kleinhacken. Tomate vierteln, Strunk entfernen und anschließend die Tomate kleinhacken.
3. Sojasauce, Ahornsirup, Koriander und süßen Chili in eine flache Schüssel geben.
4. Lachs in der Marinade wenden und 10 Minuten stehen lassen. Danach 10-12 Minuten auf einem mit Backpapier ausgelegten Backblech backen.
5. In einer Pfanne das Gemüse mit Gewürzen ca. 30 Sekunden über mittlerer Hitze anbraten.
6. Lachs ein paar Minuten abkühlen lassen und auf dem Gemüse drapieren. Mit Salat genießen.

Nährwertangaben pro Portion:

372 kcal | 12g Kohlenhydrate | 28g Fett | 28g Protein

Shrimp-Frühlingsrollen

2 Portionen – 10 Minuten Zubereitungszeit

Zutaten:

- 4 Blätter Reispapier
- 4 Blätter Kopfsalat
- 4 Blätter Basilikum
- 4 EL frischer Koriander
- 30g Karotten
- ¼ Gurke, klein
- 100g Shrimps, gekocht

1. Gemüse waschen. Karotte zerkleinern und Gurke in dünne Scheiben schneiden.
2. Feuchtes Papiertuch auf ein Schneidebrett legen. Ein Blatt Reispapier unter warmes Wasser halten, bis es feucht ist, und auf das Papiertuch legen.
3. In Schichten ein Blatt Basilikum, ein Salatblatt, und je einen EL Koriander, Karotten und Gurken auf ein Ende Reispapier legen.
4. Das Reispapier wie einen Burrito einrollen, bis das Gemüse vom Reispapier bedeckt ist.
5. Ca. 4 Shrimps auf das Reispapier legen und einwickeln.
6. Vorgang mit dem restlichen Reispapier wiederholen.

Nährwertangaben pro Portion:

97 kcal | 13g Kohlenhydrate | 1g Fett | 9g Protein

Gerösteter Fisch mit Zitrone und Oregano

2 Portionen – 40 Minuten Zubereitungszeit

Zutaten:

- 1 EL Olivenöl
- 1 TL Limettensaft
- 2 Wolfsbarsche
- 1 Knoblauchzehe
- 1 Zitrone
- ¼ TL Oregano, getrocknet
- Salz und Pfeffer

1. Zitrone abwaschen und in dünne Scheiben schneiden. Knoblauch kleinhacken.
2. Grill auf mittlere bis hohe Hitze vorheizen. Rost mit Olivenöl einfetten.
3. Alle Zutaten bis auf den Fisch in einer großen Rührschüssel mixen.
4. Den Fisch 15-22 Minuten grillen, bis er goldbraun ist.
5. Den Fisch halbieren und mit der Mischung beträufeln.

Nährwertangaben pro Portion:

91 kcal | 0g Kohlenhydrate | 8g Fett | 9g Protein

Hähnchen und Süßkartoffeln mit Broccoli

2 Portionen – 70 Minuten Zubereitungszeit

Zutaten:

- 250g Hähnchenbrust
- 250g Broccoli
- 1 Süßkartoffel
- 2 TL Olivenöl
- 1 TL Hähnchen-Gewürzmischung
- Salz und Pfeffer
- Hummus

1. Backofen auf 220°C vorheizen.
2. Süßkartoffel würzen und Broccoli kleinschneiden.
3. Das Fleisch mit einem TL Olivenöl und den Gewürzen vermischen. Zur Seite legen.
4. Backblech einfetten und das Gemüse darauf verteilen. Mit dem restlichen Olivenöl beträufeln und nach Belieben noch etwas würzen.
5. Ein weiteres Backblech einfetten und das Hähnchen darauflegen.
6. Beide Backbleche in den Ofen tun und für 12-15 Minuten backen. Das Hähnchen und der Broccoli sollten fertig sein; aus dem Ofen holen und zur Seite legen.
7. Süßkartoffel umrühren und zurück in den Ofen tun. Ca. 15 Minuten backen, bis sie weich sind.
8. Hähnchen, Süßkartoffel, Broccoli und Hummus mischen und in zwei Portionen aufteilen.

Nährwertangaben pro Portion:

414 kcal | 43g Kohlenhydrate | 13g Fett | 35g Protein

Puten-Bolognese mit Zucchini-Nudeln

2 Portionen – 30 Minuten Zubereitungszeit

Zutaten:

- 250g Putenhackfleisch
- 1 ½ Zucchini
- 4-5 große Tomaten, püriert
- ½ Zwiebel
- 1 Knoblauchzehe
- 1 ½ EL Tomatenmark
- 1 EL Petersilie
- Parmesan
- Salz und Pfeffer

1. Pfanne auf mittlerer Hitze erhitzen und das Hackfleisch zusammen mit den Zwiebeln und dem Knoblauch braten. Anschließend die passierten Tomaten hinzugeben.
2. Tomatenmark in die Pfanne geben und für etwa 10 Minuten köcheln lassen. Gelegentlich umrühren.
3. Die halbierten Zucchini nacheinander in einen Spiralschneider einspannen und zu Nudeln spiralisieren. Alternativ einen Sparschäler nutzen und die Zucchini in dünne Streifen schneiden. Anschließend für 1-2 Minuten in einem Kochtopf mit Wasser kochen damit sie etwas weicher werden. Mit Salz und Pfeffer würzen.
4. Die fertigen Zucchini zusammen mit dem Hackfleisch auf einen Teller platzieren. Vor dem Servieren noch mit Parmesan verfeinern.

Nährwertangaben pro Portion:

287 kcal | 13g Kohlenhydrate | 13g Fett | 32g Protein

Scharfe Burritos

4 Portionen – 30 Minuten Zubereitungszeit

Zutaten:

- ¼ Zwiebel, mittelgroß
- 1 EL Pflanzenöl
- 250g Putenhack
- ½ EL Kreuzkümmel
- ½ EL Chilipulver
- ½ TL Salz
- 1 Chilischoten
- 100g griechischer Joghurt
- ½ TL Hühnerbrühe
- 50ml Wasser
- ca. 100g Gemüse nach Wahl
- 60g Cheddar, gerieben
- 100g schwarze oder Pintobohnen (auch als Wachtelbohnen erhältlich)
- 4 Tortillas
- 2 EL Guacamole

1. Zwiebeln und Chilischoten in dünne Scheiben schneiden, Lieblingsgemüse kleinschneiden.
2. In einem großen Topf die Hälfte des Öls über mittlerer Hitze erwärmen. Die Hälfte der Zwiebelscheiben und Hackfleisch hineingeben und umrühren.
3. Sobald das Fleisch beginnt die Farbe zu verändern, Kreuzkümmel, Chillipulver, Salz und die Chilischote unterrühren.
4. Unter häufigem Umrühren kochen, bis das Hackfleisch durch ist. Dann das Hackfleisch aus dem Topf nehmen.
5. In einem kleinen Topf die Hühnerbrühe nach Anleitung auf der Packung zubereiten.
6. In dem großen Topf, in dem das Fleisch war, den Rest des Pflanzenöls über mittlerer Hitze erwärmen. Lieblingsgemüse und die restlichen Zwiebeln und Gewürze dazugeben und kochen, bis das Gemüse weich ist.
7. Die Hühnerbrühe dazugeben, bis das Gemüse gerade bedeckt ist und zum Kochen bringen. Den Herd auf niedrige Hitze stellen und köcheln lassen, bis das Gemüse durch ist und die Mischung angedickt ist.
8. Fleisch, Joghurt, Käse und Bohnen unterrühren und gut vermischen, bis alles schön cremig ist. Bei Bedarf nachwürzen.
9. Die Tortillas jeweils mit ca. 100g Füllung befüllen und einrollen.

Nährwertangaben pro Portion:

455 kcal | 43g Kohlenhydrate | 19g Fett | 28g Protein

Hähnchen in Honig und Sesam

2 Portionen – 30 Minuten Zubereitungszeit

Zutaten:

- 2 EL Sesamöl
- 30ml Sojasauce
- 30ml Wasser
- 2 EL Honig
- 1 TL Speisestärke
- ¼ TL rote Paprikaflocken
- 2 TL Olivenöl
- 80g Reis
- 200g Zuckererbsen
- 200g Broccoli
- 1 Hähnchenbrust, groß
- Sesamkörner, zum Garnieren
- Salz und Pfeffer

1. Sesamöl, Sojasauce, Wasser, Honig, Stärke und Paprikaflocken in einer Schüssel verrühren. Zur Seite stellen.
2. Erbsen und Broccoli in kleine Stücke und das Hähnchen in Streifen schneiden.
3. Reis wie gewöhnlich kochen und auf zwei Behälter aufteilen.
4. In einer großen Pfanne Olivenöl über hoher Hitze erwärmen. Erbsen und Broccoli hineingeben und unter ständigem Rühren anbraten, bis das Gemüse zart ist. Anschließend auf die Behälter aufteilen.
5. Bei Bedarf ein wenig mehr Olivenöl in die Pfanne geben und das Hähnchen hineingeben. Nach Belieben würzen und einmal wendend anbraten, bis es durch ist.
6. Die vorbereitete Sauce zum Hähnchen in die Pfanne geben und zum Kochen bringen. Den Herd auf niedrige Hitze stellen und ca. 2 Minuten kochen, bis die Sauce dick und cremig ist.
7. Hähnchen und Sauce auf die Behälter aufteilen und mit Sesamkörnern garnieren.

Nährwertangaben pro Portion:

458 kcal | 48g Kohlenhydrate | 19g Fett | 25g Protein

Low Carb Linsen-Hähnchen-Bowl

2 Portionen – 90 Minuten Zubereitungszeit

Zutaten:

- 350g Hähnchenfleisch
- 75g Linsen
- 120ml Gemüsebrühe
- 140ml passierte Tomaten
- 1 Karotte, geschnitten
- 1 Zwiebel
- 1 Knoblauchzehen
- ½ TL Rosmarin
- ½ TL Basilikum
- 1 EL Zitronensaft
- 1 EL Olivenöl
- ½ TL Salz

1. Olivenöl in einer Pfanne bei mittlerer Hitze erhitzen und das Hähnchen 5-6 Minuten pro Seite braten bis es durch ist. Anschließend beiseitestellen.
2. Zwiebeln zerkleinern und in der gleichen Pfanne glasig braten. Danach Knoblauch, Linsen, Brühe, Karotte und Salz hinzugeben. Zutaten zum Kochen bringen, die Pfanne mit einem Deckel abdecken und für ca. 20 Minuten bei mittlerer Hitze köcheln lassen.
3. Das Hähnchen hinzugeben und für weitere 20 Minuten köcheln lassen. (Wenn nötig, Wasser hinzugeben.) Tomatensauce, Basilikum und Rosmarin in die Pfanne geben und für 10 Minuten kochen.
4. Auf zwei Schüsseln aufteilen und den Zitronensaft hinzugeben.

Nährwertangaben pro Portion:

291 kcal | 11g Kohlenhydrate | 12g Fett | 40g Protein

Brathähnchensteak

2 Portionen – 40 Minuten Zubereitungszeit

Zutaten:

- 2 Hähnchensteaks à 125g, 1,5cm dick
- 30g Mehl
- ¼ TL Knoblauchpulver
- 2 TL Parmesan, gerieben
- ¼ TL Salz
- ¼ TL Koriander, gemahlen
- 1 Messerspitze Kreuzkümmel
- 1 Messerspitze Cayennepfeffer
- 40g Cornflakes
- 40ml Buttermilch
- 1 Ei, Größe S
- 150ml Milch
- 2 TL Butter
- 1 Prise geriebene Muskatnuss
- Salz

1. Backofen auf 220°C vorheizen und Cornflakes zerbröseln.
2. In einer flachen Schüssel Parmesan, die Hälfte des Mehls, Salz, Knoblauchpulver, Koriander, Kreuzkümmel und Pfeffer vermischen.
3. In eine weitere flache Schüssel Eiweiß und Buttermilch vermischen.
4. Die Cornflakes in eine dritte flache Schüssel füllen.
5. Die Steaks durch Wenden in den drei Schüsseln panieren.
6. Ein Backblech mit Backpapier auslegen und die Steaks darauflegen. 10 Minuten im Ofen backen, wenden und nochmals 10-12 Minuten backen, bis das Steak durch ist.
7. Währenddessen die Bratensauce zubereiten.
8. In einem kleinen Kochtopf über mittlerer Hitze die Butter erhitzen. Sobald sie geschmolzen ist, das restliche Mehl unterrühren, bis es braun wird.
9. Mit einem Schneebesen langsam die Milch unterrühren, bis die Sauce sämig ist. Bei Bedarf nachwürzen.
10. Prise Muskatnuss dazugeben.
11. Langsam zum Kochen bringen, dabei stetig umrühren.
12. Den Herd auf niedrige Hitze stellen und ein wenig weiter kochen, bis die Sauce angedickt ist.

Nährwertangaben pro Portion:

437 kcal | 33g Kohlenhydrate | 15g Fett | 38g Protein

Pute in Paprika

2 Portionen – 35 Minuten Zubereitungszeit

Zutaten:

- 1 ½ Paprika, groß
- 1 ½ TL Knoblauchpulver
- 50g BBQ Sauce
- 100g Tomaten, aus der Dose
- 80g schwarze Bohnen
- 125g Putenhackfleisch
- 1 Zwiebel, klein
- etwas Olivenöl
- Optional 1 ½ TL Raucharoma, flüssig

1. Tomaten würfeln, die halbe Paprika und die Zwiebel kleinschneiden.
2. Hackfleisch in einer Pfanne über mittlerer Hitze braten, bis es braun ist. Überschüssiges Fett abgießen.
3. Hackfleisch herausnehmen und Zwiebeln in etwas Öl ca. 5 Minuten braten, bis sie braun sind.
4. Bis auf die Paprika alle Zutaten in die Pfanne geben und ca. 10 Minuten köcheln lassen.
5. Die Paprika halbieren und die Samen entfernen. Zugedeckt und mit etwas Wasser 5 Minuten in der Mikrowelle erhitzen.
6. Putenmischung zu gleichen Teilen auf die Paprikahälften aufteilen.

Nährwertangaben pro Portion:

208 kcal | 15g Kohlenhydrate | 8g Fett | 18g Protein

Hähnchen-Enchiladas mit Gemüse

2 Portionen – 50 Minuten Zubereitungszeit

Zutaten:

- ½ Zwiebel, groß
- ½ (grüne) Paprika
- ½ Zucchini, groß
- 1 EL Thymian, getrocknet
- 70g Hähnchenbrust, vorgekocht
- 90ml rote Enchiladasauce
- 200ml passierte Tomaten
- 2 Tortillas, Ø 15 cm
- 40g Cheddar, gerieben
- etwas Pflanzenöl

1. Backofen auf 190°C vorheizen. Gemüse kleinschneiden.
2. Öl in einer Pfanne erhitzen und Zwiebeln ca. 5 Minuten unter ständigem Rühren anbraten.
3. Zucchini und Paprika dazugeben und weitere 5 Minuten braten.
4. Hähnchen dazugeben und gut umrühren.
5. Enchilada- und Tomatensauce in eine große Schüssel geben und Gemüse und Hähnchen dazugeben, sobald diese etwas abgekühlt sind.
6. Tortillas in der Mikrowelle weich werden lassen und anschließend in die Sauce tunken.
7. Zu gleichen Teilen Gemüse-Hähnchen-Mischung auf eine Seite jeder Tortilla geben und zusammenrollen.
8. Ein Backblech mit Backpapier auslegen und die Enchiladas darauflegen. Sauce darüber gießen und mit Alufolie bedecken. Ca. 25 Minuten im Ofen lassen.
9. Folie herunternehmen Käse über die Enchiladas streuen. Weitere 5 Minuten backen.

Nährwertangaben pro Portion:

453 kcal | 48g Kohlenhydrate | 19g Fett | 22g Protein

! Marokkanische Hähnchen-Bowl

2 Portionen – 60 Minuten Zubereitungszeit

Zutaten:

- 175g Couscous
- 1 Zwiebel
- 2 Karotten
- 1 Zucchini
- 2 Lorbeerblätter
- 2 ½ Knoblauchzehen
- 150g Hähnchenbrust
- 200g Kichererbsen
- 250g zerstoßene Tomaten
- 500ml Hühnerbrühe
- 1 EL pflanzliches Öl
- ½ TL Zimt
- 1 TL Kurkuma, gemahlen
- ¼ TL Cayennepfeffer
- Salz

1. Zuerst das Gemüse waschen. Die Zwiebel klein schneiden, den Knoblauch klein hacken. Sowohl Karotten, als auch die Zucchini und die Hähnchenbrüste in kleine Stücke schneiden.
2. In einem Topf den Couscous 2 Minuten lang kochen. Danach den Deckel aufsetzen, einen Löffel darunter klemmen und für 7 Minuten köcheln lassen. Dann umrühren und abkühlen lassen.
3. In einer Pfanne das Öl erhitzen und die Zwiebelscheiben anbraten bis sie weich sind. Danach Cayennepfeffer, Lorbeerblätter, Kurkuma, Knoblauch und Zimt hinzufügen. Alles etwa 1 Minute lang braten.
4. Nun das Hähnchen hinzufügen und solange braten bis das Fleisch gebräunt ist.
5. Danach die Hühnerbrühe, Tomaten und Kichererbsen hinzufügen. Alles zum Kochen bringen, dann die Hitze auf eine niedrige Stufe reduzieren und für 25 Minuten köcheln lassen.
6. Im Anschluss Karotten- und Zucchinistücke hinzufügen und mit etwas Salz würzen. Für weitere 12 Minuten auf dem Herd lassen.
7. Den Couscous auf zwei Bowls aufteilen, Gemüse und Hähnchen darüber geben.

Nährwertangaben pro Portion:

836 kcal | 124g Kohlenhydrate | 16g Fett | 47g Protein

Curry-Knoblauch-Hähnchenstreifen

1 Portion – 50 Minuten Zubereitungszeit

Zutaten:

- 1 Hähnchenbrust
- 1 EL Currypulver
- 35g Kokosmehl
- ¾ TL Knoblauchpulver
- ¼ TL Kurkumapulver
- ¾ TL Kreuzkümmel
- Salz

1. Backofen auf 180°C vorheizen.
2. Fleisch in Streifen schneiden; ca. 2,5cm x 7,5cm.
3. Gewürze in einer Schüssel vermischen.
4. Hähnchen in der Gewürzmischung wenden und Überschuss abschütteln.
5. Backblech einfetten. Ca. 20 Minuten backen.

Nährwertangaben pro Portion:
118 kcal | 2g Kohlenhydrate | 3g Fett | 20g Protein

Salsataschen mit Huhn

2 Portionen – 50 Minuten Zubereitungszeit

Zutaten:

- 40g Weizenmehl
- 40g Weizenvollkornmehl
- 60ml Wasser
- ¼ EL Trockenhefe
- ¼ TL Salz
- ¼ TL Zucker
- ½ EL Olivenöl
- 35-70g Hähnchen
- 35g Käse, gerieben
- 30g Salsa

1. Backofen auf 200°C vorheizen.
2. Fleisch kleinschneiden und 15 Minuten backen.
3. Währenddessen das Wasser in einem kleinen Topf auf ca. 40-50°C erwärmen.
4. In einer mittelgroßen Schüssel Hefe mit dem warmen Wasser verrühren, bis sie aufgelöst ist.
5. Zucker, Öl, Salz und Mehl dazugeben und gut vermischen.
6. Teig auf eine leicht bemehlte Arbeitsfläche legen und 3-5 Minuten gut durchkneten, bis er weich ist.
7. Teig in zwei Portionen aufteilen und zu Kugeln formen. Diese dann mit einem Nudelholz flachwalzen.
8. Je einen Löffel Salsa in die Teigkreise füllen und mit Hähnchenstücken und Käse bestreuen.
9. Zusammenfalten und die Enden zudrücken.
10. Ein Backblech einfetten und bei 260°C ca. 10-15 Minuten backen, bis die Taschen braun werden.

Nährwertangaben pro Portion:

261 kcal | 29g Kohlenhydrate | 9g Fett | 20g Protein

4-Zutaten-Nuggets

2 Portionen – 55 Minuten Zubereitungszeit

Zutaten:

- 250g Putenhackfleisch
- 10g Parmesan, fein gerieben
- 10g Semmelbrösel
- ½ TL Salz

1. Backofen auf 190°C vorheizen.
2. In einer mittelgroßen Schüssel Semmelbrösel, Käse und ¼ TL Salz vermischen.
3. In einer weiteren Schüssel das Fleisch mit dem restlichen Salz vermischen.
4. Ca. einen EL Fleisch in die Mischung mit den Semmelbröseln legen. Das Fleisch herausnehmen und zu einem ca. 1 cm dicken Nugget formen. Achtung: Nicht zu flach drücken, damit die Nuggets nicht zu trocken werden.
5. Erneut in den Semmelbröseln wälzen, bis der Nugget bedeckt ist.
6. Mit dem restlichen Fleisch wiederholen; es sollten ungefähr 12 Nuggets herauskommen.
7. Backblech oder Rost mit Backpapier auslegen und ca. 25 Minuten backen.

Nährwertangaben pro Portion:

193 kcal | 4g Kohlenhydrate | 6g Fett | 31g Protein

Hähnchen-Poblano-Suppe

5 Portionen – 50 Minuten Zubereitungszeit

Zutaten:

- 1l Wasser
- 2 EL Hühnerbrühe
- 115g Zwiebeln
- 350g Hähnchenbrust
- 60ml Limettensaft
- 15g Koriander, frisch
- ½ EL Chilipulver
- 75g Poblano-Chilis (alternativ geht auch die Anaheim Chili)
- 1 EL Kreuzkümmel

1. Fleisch würfeln, Koriander kleinschneiden und Chilis entkernen und würfeln.
2. In einem großen Suppentopf Hühnerbrühe zubereiten und Zwiebeln, Chilis, Chilipulver und Kreuzkümmel dazugeben. Aufkochen lassen.
3. Hähnchen, Limettensaft und Koriander dazugeben und die Hitze reduzieren. Zudecken und 30 Minuten köcheln lassen.

Nährwertangaben pro Portion:

333 kcal | 28g Kohlenhydrate | 7g Fett | 42g Protein

Blumenkohlauflauf mit Würstchen und Kokos

2 Portionen – 50 Minuten Zubereitungszeit

Zutaten:

- ½ Blumenkohl, mittelgroß
- 2 Würstchen, Schwein
- 2 ½ EL Kokoscreme
- 2 Scheiben Käse
- ¼ TL Salz
- Pfeffer

1. Blumenkohl in Röschen zerteilen und Käse in Streifen schneiden.
2. In einem Topf den Blumenkohl dünsten und den Backofen auf 180°C vorheizen.
3. Anschließend mit einem Kartoffelstampfer stampfen.
4. Kokoscreme, Salz und etwas Pfeffer zum Blumenkohl in den Topf geben.
5. In einer Pfanne die Würstchen über mittlerer Hitze braten, bis sie durch sind.
6. Würstchen in Scheiben schneiden und zur Blumenkohlmischung geben.
7. Eine Auflaufform einfetten und die Hälfte der Blumenkohlmischung hineingeben. Mit der Hälfte der Käsestreifen bedecken.
8. Restliche Blumenkohlmischung über die Käsestreifen geben und mit dem restlichen Käse bedecken.
9. Ca. 30 Minuten backen.

Nährwertangaben pro Portion:

259 kcal | 4g Kohlenhydrate | 23g Fett | 9g Protein

Simples Chili

2 Portionen – 60 Minuten Zubereitungszeit

Zutaten:

- 1 kleine Dose gehackte Tomaten
- 1 Packung passierte Tomaten (400ml)
- 1 kleine Zwiebel
- 1 grüne Paprika
- 250g Rinderhack (ersatzweise Tofu)
- 1 Dose Kidneybohnen
- 1 kleine Dose Mais
- 1 frische Chilischote oder 1 TL Chilipulver
- ½ TL gemahlener Kreuzkümmel
- 1 EL Kakao
- Salz und Pfeffer
- Olivenöl

1. Das Hackfleisch in einer heißen Pfanne anbraten; überschüssiges Fett abgießen.
2. Zwiebel und Paprika in kleine Stücke schneiden und kurz mit andünsten.
3. Die Mischung in einen Kochtopf geben und alle restlichen Zutaten dazugeben.
4. Das Chili etwa 45 Minuten lang köcheln lassen und später mit Brot genießen.

Nährwertangaben pro Portion:

699 kcal | 51g Kohlenhydrate | 32g Fett | 47g Protein

Käse-Rinderpastete

4 Portionen –50 Minuten Zubereitungszeit

Zutaten:

- 350g Rinderhackfleisch
- 100g Mehl
- 200g Tomaten, aus der Dose
- ½ EL Rinderbrühe
- 120ml Wasser
- ½ Zwiebel, klein
- 60ml Milch
- 100g Cheddar, gerieben
- 1 TL Backpulver
- 3 EL Butter
- Salz und Pfeffer

1. Backofen auf 190°C vorheizen.
2. Tomaten abgießen und würfeln, Zwiebel kleinschneiden.
3. 2 EL Butter in einem großen Topf über mittlerer bis hoher Hitze erwärmen.
4. Zwiebel dazugeben und ca. 3-5 Minuten unter Rühren kochen, bis sie weich sind.
5. Rind dazugeben und unter Rühren ca. 5 Minuten kochen, bis das Fleisch nicht mehr rosa ist.
6. Rinderbrühe, Wasser und Tomaten unterrühren und mit Salz und Pfeffer abschmecken.
7. Den Herd auf niedrige Hitze stellen und unter gelegentlichem Umrühren ca. 20 Minuten kochen, bis die meiste Flüssigkeit verdampft ist.
8. Auflaufform (ca. 20x30cm) einfetten und die Fleischmischung gleichmäßig darin verteilen.
9. In einer großen Schüssel Mehl, Backpulver und ½ TL Salz vermischen.
10. Mit einem Handmixer oder den Fingerspitzen die restliche Butter und den Käse mit der Mehlmischung mixen.

11. Anschließend die Milch dazugeben. Mit einer Gabel schnell verrühren, um einen trockenen, groben Teig zu erhalten.
12. In der Schüssel den Teig leicht kneten und danach auf eine bemehlte Arbeitsfläche legen.
13. Teig ausrollen, bis er ca. 1,5cm dick ist. Mit einer Ausstechform (Ø ca. 8cm) 4 Kreise ausstechen.
14. Den restlichen Teig wieder zu einer Dicke von 1,5cm ausrollen und weitere Kreise ausstechen, bis der Teig aufgebraucht ist.
15. Die Teigkreise so nah wie möglich beieinander auf die Fleischmischung legen.
16. Ca. 35 Minuten backen, bis der Teig leicht braun wird.

Nährwertangaben pro Portion:
342 kcal | 19g Kohlenhydrate | 19g Fett | 20g Protein

Kohlrolladen mit gegrilltem Schwein

2 Portionen – 50 Minuten Zubereitungszeit

Zutaten:

- 1 Schweinefilet à 250g
- ½ Kopfsalat
- 50g Teriyaki-Sauce
- 30g Karotten
- 15g Radieschen
- 30g Gurke
- 25g Chinakohl
- 5-10g frische Kräuter

1. Die Blätter vom Kopfsalat trennen, abspülen und trocken tupfen. Karotten schälen. Das restliche Gemüse waschen und kleinhacken. Kräuter ebenfalls kleinschneiden.
2. Schweinefleisch in einer Schüssel mit der Sauce bedecken und für ein paar Stunden marinieren.
3. Grill auf mittlere bis hohe Hitze vorheizen.
4. Das Schweinefleisch vorsichtig aus der Schüssel nehmen und die überschüssige Marinade zur Seite stellen.
5. Fleisch ca. 10-12 Minuten grillen, bis es braun und durch ist.
6. Das gegrillte Fleisch etwas abkühlen lassen und anschließend in dünne Streifen schneiden.
7. Salatblätter auf die Arbeitsfläche legen und mit dem Gemüse bestreuen.
8. Ein paar Streifen Schweinefleisch darauflegen und mit frischen Kräutern bestreuen. Anschließend die restliche Sauce darüber träufeln.
9. Salatblätter zusammenrollen und gegebenenfalls fixieren.

Nährwertangaben pro Portion:

166 kcal | 5g Kohlenhydrate | 3g Fett | 29g Protein

Gegrilltes Hähnchen-Cordon-Bleu

2 Portionen – 20 Minuten Zubereitungszeit

Zutaten:

- 2 Hähnchenbrüste
- 2 Scheiben gekochter Schinken
- 2 Scheiben Käse (Havarti oder Edamer)
- Salz und Pfeffer

1. Das Fleisch unter Frischhaltefolie mit einem Plattiereisen oder einem schweren Kochtopf flachklopfen.
2. Das Fleisch mit je einer Schinken- und einer Käsescheibe belegen. Eventuell zuschneiden oder falten, damit die Füllung nicht über den Rand des Fleisches reicht.
3. Das Fleisch einmal falten und die Ränder in Zahnstochern oder Rouladennadeln verschließen.
4. Auf dem Grill etwa 10 bis 15 Minuten auf einer Seite und weitere 5 Minuten auf der anderen Seite braten. Das Cordon Bleu gelingt am besten in einem geschlossenen Kugelgrill – ansonsten können Sie es auch lose mit Alufolie abdecken.

Nährwertangaben pro Portion:

310 kcal | 0g Kohlenhydrate | 5g Fett | 64g Protein

Schwedische Fleischbällchen

2 Portionen – 40 Minuten Zubereitungszeit

Zutaten:

- 500g Hackfleisch
- 30g Petersilie
- 1 TL Olivenöl
- ½ TL Piment
- 55g Frischkäse, light
- 1 Stange Sellerie
- 2 Eier, Größe S
- 4 EL Semmelbrösel
- 2 Knoblauchzehen
- 1 Zwiebel, klein
- 2 EL Rinderbrühe
- 480ml Wasser
- Salz und Pfeffer

1. Petersilie, Sellerie, Knoblauch und Zwiebel kleinhacken.
2. In einer hohen Pfanne das Olivenöl erhitzen und darin Zwiebel und Knoblauch anschwitzen, bis die Zwiebeln durchsichtig sind und der Knoblauch beginnt zu duften.
3. Sellerie und Petersilie dazugeben und weitere 4-5 Minuten braten. Anschließend kurz abkühlen lassen.
4. In einer großen Rührschüssel Eier, Semmelbrösel, Gemüse, Fleisch, Piment, Salz und Pfeffer gründlich verrühren.
5. Kleine Bällchen aus der Fleischmischung formen.
6. Wasser und Rinderbrühe in eine Pfanne geben und über hoher Hitze zum Kochen bringen.
7. Den Herd auf mittlere Hitze stellen und langsam die Fleischbällchen in die Pfanne geben.
8. Zugedeckt ca. 20 Minuten kochen.
9. Mit einem Schaumlöffel die Fleischbällchen etwas abtropfen lassen und auf einen Teller tun.
10. Die Rinderbrühe aus der Pfanne in einen Mixer tun und den Frischkäse hinzufügen. Mixen, bis eine homogene Masse entstanden ist.
11. Die Mischung zurück in die Pfanne geben und köcheln, bis sie andickt.
12. Die Sauce über die Fleischbällchen gießen.

Nährwertangaben pro Portion:

448 kcal | 25g Kohlenhydrate | 22g Fett | 42g Protein

Süße Wintersuppe mit Schweinefleisch

2 Portionen – 20 Minuten Zubereitungszeit

Zutaten:

- 250g Blattspinat
- ½ Süßkartoffel
- 250g mageres Schweinehack
- ½ TL Knoblauch
- ½ TL Ingwer
- ½ TL Chili
- 500ml Gemüsebrühe
- 1 EL Sojasauce
- 2 Frühlingszwiebeln
- ½ EL Olivenöl
- Salz und Pfeffer

1. Die Süßkartoffel schälen und in dünne Streifen schneiden.
2. Spinat und Frühlingszwiebeln waschen. Zwiebeln, Ingwer und Knoblauch zerkleinern.
3. In einer Pfanne nun das Olivenöl erhitzen und Ingwer, Knoblauch und Chili für ca. 30 Sekunden erhitzen. Danach das Schweinefleisch hinzugeben. Mit Salz und Pfeffern würzen. Ca. 8 Minuten lang braten.
4. Zuletzt die Brühe hinzugeben und aufkochen lassen. Die restlichen Zutaten ebenfalls mit in die Pfanne geben und weitere 5-6 Minuten auf mittlerer Stufe köcheln lassen.
5. Vor dem servieren etwas ziehen lassen und mit Frühlingszwiebeln garnieren.

Nährwertangaben pro Portion:

184 kcal | 15g Kohlenhydrate | 7g Fett | 16g Protein

Steaksalat

2 Portionen – 45 Minuten Zubereitungszeit

Zutaten:

- 250g Steak
- 1 EL Butter
- 1 EL Olivenöl
- 75g Feta
- 90g junger Spinat
- 3 Eier, Größe L
- 50g Pecannüsse
- 75g Kirschtomaten
- etwas Vinaigrette
- Salz und Pfeffer

1. Feta zerbröseln, Kirschtomaten und Pecannüsse halbieren.
2. Steak mit einem Papiertuch trocken tupfen und mit Olivenöl einreiben. Nach Belieben würzen.
3. In einer großen Pfanne die Butter über mittlerer Hitze erwärmen.
4. Sobald die Butter geschmolzen ist, das Steak nach Belieben braten. Zum Abkühlen zur Seite stellen.
5. Währenddessen die Eier kochen.
6. Das Fleisch würfeln und die Eier pellen und halbieren.
7. In einer Salatschüssel alle Zutaten vermischen.
8. Kurz vorm Servieren Vinaigrette darüber träufeln.

Nährwertangaben pro Portion:

714 kcal | 7g Kohlenhydrate | 53g Fett | 59g Protein

Hausgemachtes Pulled Pork

10-12 Portionen – 8h und 15 Minuten Zubereitungszeit

Zutaten:

- 1kg Schweineschulter, geräuchert
- 80ml Ahornsirup
- ½ Zwiebel, groß
- 80ml Apfelessig
- 2 TL Chilipulver
- 1 TL Salz

1. Zwiebel in dünne Scheiben schneiden.
2. Schweineschulter längs hinlegen und halbieren. Überschüssiges Fett wegschneiden.
3. Die Zwiebelscheiben in einer Schicht auf den Boden eines Topfs legen.
4. Darauf das Fleisch legen.
5. In einer Schüssel Essig, Gewürze und Sirup vermischen.
6. Das Fleisch mit der Mischung bedecken.
7. Über niedriger Hitze 8 Stunden kochen, damit sich das Fleisch leicht abzupfen lässt.
8. Danach das Fleisch aus dem Topf nehmen und mit zwei Gabeln auseinanderzupfen.
9. Zurück in den Topf legen und gut mit den Zwiebeln und der übrig gebliebenen Sauce vermischen.

Nährwertangaben pro Portion:

192 kcal | 7g Kohlenhydrate | 9g Fett | 17g Protein

Rinder-Pilz-Pastete

4 Portionen – 50 Minuten Zubereitungszeit

Zutaten:

- 250g Rinderhackfleisch
- 1 Knoblauchzehe
- ½ Zwiebel, mittelgroß
- ½ Karotte
- 60g Pilze
- 100g Erbsen, gefroren
- ½ Tube Tomatenmark
- ½ EL Balsamico
- ¼ EL frischer Rosmarin
- ½ TL frischer Thymian
- 1-2 Süßkartoffeln, mittelgroß
- 30ml Kokosmilch
- 1 EL Butter
- Salz und Pfeffer

1. Backofen auf 180°C vorheizen.
2. Knoblauch zerhacken, Pilze in Scheiben schneiden, Zwiebel, Karotte, Rosmarin und Thymian kleinschneiden. Erbsen auftauen.
3. Süßkartoffeln im Ofen backen, bis sie weich sind. Abkühlen lassen.
4. Kartoffeln pellen und in einer Schüssel stampfen. Kokosmilch, ½ EL Butter, Salz und Pfeffer dazugeben. Gut vermischen und dann zur Seite stellen.
5. In einer großen Schüssel die restliche Butter über mittlerer Hitze erwärmen. Knoblauch und Fleisch dazugeben und anbraten, bis das Fleisch braun ist. Fleisch anschließend herausnehmen.
6. In derselben Pfanne Zwiebeln, Karotten und Pilze anbraten, bis die Zwiebeln durchsichtig und die Karotten weich sind.
7. Fleisch zurück in die Pfanne geben. Salz, Balsamico, Tomatenmark, Rosmarin und Thymian dazugeben.
8. Kochen, bis die Flüssigkeit verdampft ist.
9. Erbsen dazugeben und gut vermischen.
10. Fleischmischung in eine Auflaufform geben und mit Süßkartoffelpüree bedecken.
11. Im Ofen ca. 15-20 Minuten backen.

Nährwertangaben pro Portion:

211 kcal | 26g Kohlenhydrate | 6g Fett | 11g Protein

Avocado-Tacos mit Rindfleisch

4 Portionen – 20 Minuten Zubereitungszeit

Zutaten:

- 250g Rinderhackfleisch
- 40g Zwiebeln
- 45g Paprika
- 2 Frühlingszwiebeln
- 1 EL Olivenöl
- 30g Cheddar, gerieben
- 2 Avocados, klein
- 2 TL Tacogewürz
- Salz

1. Zwiebeln und Paprika kleinschneiden. Frühlingszwiebeln in kleine Scheiben schneiden. Avocados halbieren und entkernen.
2. In einer Pfanne über mittlerer Hitze das Olivenöl erwärmen.
3. Zwiebeln und Paprika dazugeben und anbraten, bis die Zwiebeln durchsichtig sind.
4. Fleisch dazugeben und braten, bis es fast durch ist. Tacogewürz und Salz hinzufügen und weitere 2-3 Minuten braten.
5. Pfanne vom Herd nehmen und den Käse dazugeben. Gut verrühren.
6. Avocados aufteilen und die Mischung hineingeben. Mit Frühlingszwiebeln bestreuen.

Nährwertangaben pro Portion:

218 kcal | 7g Kohlenhydrate | 17g Fett | 11g Protein

Lammbraten mit Gemüse

2 Portionen – 120 Minuten Zubereitungszeit

Zutaten:

- 250g Suppenfleisch, Lamm
- 2 Tomaten, mittelgroß
- 1 Zwiebel
- 2 Knoblauchzehen
- 110g junge Champignons
- 2 Karotten
- 1 EL frischer Thymian
- 1 EL frischer Rosmarin
- Salz und Pfeffer

1. Backofen auf 160°C vorheizen.
2. Fleisch in große Würfel schneiden. Zwiebel grob kleinschneiden, Champignons halbieren, Karotten schälen und kleinschneiden, Kräuter kleinhacken, Knoblauch zerdrücken.
3. Tomaten in kochendem Wasser blanchieren, bis die Haut beginnt Risse zu bilden.
4. Tomaten in kaltes Wasser legen und Haut abziehen. Anschließend in Stücke schneiden.
5. Tomaten in eine große Auflaufform legen und Pilze, Karotten, Zwiebeln, Lamm, Salz, Pfeffer, Rosmarin, Thymian und Knoblauch dazugeben. Gut verrühren.
6. Im Backofen ca. 2 Stunden backen, bis das Lamm durch ist. Gelegentlich umrühren.

Nährwertangaben pro Portion:

279 kcal | 8g Kohlenhydrate | 14g Fett | 36g Protein

Citrus-Koteletts

2 Portionen – 25 Minuten Zubereitungszeit

Zutaten:

- 2 Schweinekoteletts, ohne Knochen
- ½ EL Speisestärke
- 1 TL Olivenöl
- 1 Knoblauchzehe
- 30g Lauch
- ¼ TL Ingwer
- 1 Orange
- 1 EL Wasser
- ½ TL Honig
- Salz und Pfeffer

1. Knoblauch kleinhacken, Lauch kleinschneiden, Ingwer mahlen, Orange abreiben und entsaften.
2. Koteletts mit Salz und Pfeffer würzen und mit Speisestärke einreiben.
3. Olivenöl in einer großen Pfanne über mittlerer Hitze erwärmen. Fleisch dazugeben und 3 Minuten auf jeder Seite braten. Fleisch zur Seite legen.
4. In derselben Pfanne Knoblauch und Lauch 2 Minuten anbraten. Ingwer, 2 ½ EL Orangensaft, ¼ TL Orangenabrieb, Wasser und Honig dazugeben. Mit Salz und Pfeffer würzen.
5. Mischung umrühren und 3 Minuten köcheln lassen.
6. Fleisch wieder in die Pfanne geben und weitere 2 Minuten braten.

Nährwertangaben pro Portion:

294 kcal | 13g Kohlenhydrate | 10g Fett | 40g Protein

Frittierte Avocadosticks

6 Portionen – 30 Minuten Zubereitungszeit

Zutaten:

- 2 Avocados, mittelgroß, reif
- 90g Semmelbrösel
- 65g Mehl
- 120ml Sojamilch, ungesüßt
- 240ml Öl
- ½ TL Zwiebelpulver
- 1 TL Salz
- 1 TL Pfeffer

1. Avocados in breite Streifen schneiden.
2. In einer flachen Schüssel Knoblauchpulver, Zwiebelpulver und jeweils ½ TL Salz und Pfeffer vermischen.
3. In einer weiteren flachen Schüssel Mehl und den Rest Salz und Pfeffer vermischen.
4. In eine dritte flache Schüssel Milch geben.
5. Avocadostick ins Mehl tunken, danach in die Milch. Vorsichtig Semmelbrösel auf die Sticks reiben.
6. Fortsetzen, bis alle Sticks paniert sind.
7. In einer Pfanne das Öl auf ca. 350°C erhitzen. Avocadosticks dazugeben und frittieren, bis sie von allen Seiten braun und knusprig sind. Falls eine Fritteuse vorhanden ist, kann diese selbstverständlich genutzt werden. Noch besser eignet sich eine Heißluftfritteuse, da diese ohne Öl auskommt.
8. Auf einem Rost abtropfen lassen.

Nährwertangaben pro Portion:

226 kcal | 23g Kohlenhydrate | 15g Fett | 5g Protein

Pizza-Frischkäse-Kugeln

6 Portionen – 10 Minuten Zubereitungszeit

Zutaten:

- 120g Frischkäse
- 14 Scheiben Salami
- 8 Schwarze oder Grüne Oliven
- 2 EL Pesto „getrocknete Tomaten"
- 2 EL Basilikum
- Salz und Pfeffer

Zubehör: Kleine Holzspieße oder Zahnstocher

1. Die Salami und die Oliven klein schneiden.
2. Den Frischkäse mit dem Pesto und Basilikum verrühren. Salami und Oliven hinzufügen und unterheben.
3. Mit Salz und Pfeffer abschmecken und in kleine Kugeln formen. Die Kugeln können Sie auf eine Salami-Scheibe setzen und mit einer Olive garnieren. Der Zahnstocher dient zur Fixierung.
4. Optional: Kleine Samen oder Nüsse ergänzen!

Nährwertangaben pro Portion:

162 kcal | 3g Kohlenhydrate | 13 Fett | 9g Protein

Scharfe Kürbiskerne

12 Portionen – 15 Minuten Zubereitungszeit

Zutaten:

- 700g Kürbiskerne, roh
- 2 TL Cayennepfeffer
- 2 TL Chilipulver
- 1 ½ TL Salz
- 80ml Zitronensaft
- 2 EL Butter, optional

1. Backofen auf 140°C vorheizen.
2. Butter schmelzen.
3. Kürbiskerne auf ein Backblech legen.
4. Butter, Zitronensaft, Pfeffer, Chilipulver und Salz darüber geben und vermischen.
5. 10-15 Minuten backen.

Nährwertangaben pro Portion:

329 kcal | 3g Kohlenhydrate | 26g Fett | 17g Protein

Fischstäbchen

2 Portionen – 15 Minuten Zubereitungszeit

Zutaten:

- 250g weißer Fisch (z. B. Seelachs)
- 30g Mandelmehl
- 1 Ei, Größe L
- ½ TL Salz
- 80ml Zitronensaft
- 40ml Öl, Oliven oder Kokos

1. Fisch in 2,5x12,5cm lange Streifen schneiden. Ei verquirlen.
2. In einer großen, flachen Schüssel Mehl und Salz vermischen.
3. Ei in eine weitere flache Schüssel geben.
4. Fischstäbchen erst in das Ei und dann in das Mehl tunken, bis alle Stäbchen auf allen Seiten paniert sind.
5. Ca. 10ml Öl in einer großen Pfanne über mittlerer bis hoher Hitze erwärmen. Ein Viertel der Fischstäbchen dazugeben und braten, bis die Unterseite braun ist. Wenden und wiederholen. Auf einen Teller ausgelegt mit Papiertüchern legen.
6. Wiederholen, bis alle Fischstäbchen gebraten sind.

Nährwertangaben pro Portion:

369 kcal | 1g Kohlenhydrate | 33g Fett | 29g Protein

Karottenmousse

2 Portionen – 45 Minuten Zubereitungszeit

Zutaten:

- ½ Paprika
- 30g Karotten
- ¼ TL Gemüsebrühe
- 45ml Wasser
- 1 Ei
- ½ Eiweiß
- 120g Frischkäse, light
- ½ EL frischer Estragon
- Salz und Pfeffer

1. Backofen auf 190°C vorheizen.
2. Paprika, Karotten und Estragon kleinschneiden. 1 Ei trennen, davon die Hälfte des Eiweiß behalten.
3. Paprika und Karotten in eine Pfanne geben. Gemüsebrühe und Wasser dazugeben und zum Kochen bringen.
4. Hitze reduzieren und ca. 5 Minuten köcheln lassen, bis das Gemüse weich ist.
5. In einer Schüssel Ei und Eiweiß verquirlen. Frischkäse dazugeben und gut vermischen. Mit Salz und Pfeffer würzen.
6. Gemüse und Käsemischung in einen Mixer geben und pürieren, bis eine homogene Masse entstanden ist.
7. Mousse In eine Auflaufform geben, mit Estragon bestreuen und 30 Minuten backen.

Nährwertangaben pro Portion:

180 kcal | 4g Kohlenhydrate | 12g Fett | 13g Protein

Scharfe Steinpilze in Kokos

2 Portionen – 20 Minuten Zubereitungszeit

Zutaten:

- 2 EL Kokosöl
- 2 Knoblauchzehen
- 2 rote Chilis
- 2 Zwiebeln, klein
- 140g Steinpilze
- 160ml Kokosmilch
- 2 EL frischer Koriander
- Salz und Pfeffer

1. Knoblauch, Zwiebeln und Koriander kleinschneiden. Pilze in dicke Scheiben schneiden. Chilis in Scheiben schneiden.
2. Kokosöl in einer Pfanne über mittlerer Hitze erwärmen. Knoblauch, Zwiebeln und Chilis ca. 3 Minuten anbraten, bis sie weich sind.
3. Pilze dazugeben und weitere 4 Minuten braten.
4. Kokosmilch dazugeben und über hoher Hitze zum Kochen bringen. Mit Salz und Pfeffer würzen.
5. Mit Koriander garnieren.

Nährwertangaben pro Portion:

323 kcal | 5g Kohlenhydrate | 33g Fett | 2g Protein

Scharfer Blumenkohl mit Kartoffeln

2 Portionen – 45 Minuten Zubereitungszeit

Zutaten:

- 230g Kartoffeln
- 5 EL Olivenöl
- 1 grüne Chili
- 1 TL Kreuzkümmel
- ¼ TL Kurkuma
- 1 TL Koriander
- ¼ TL Cayennepfeffer
- 1 Blumenkohl
- 4 EL Wasser (+500ml)
- 1 TL Kreuzkümmelsamen
- 2 Knoblauchzehen
- Salz

1. Einen großen Topf mit Wasser füllen und zum Kochen bringen. 1 Prise Salz hinzufügen und Kartoffeln mit Schale 20 Minuten kochen.
2. Kartoffeln abgießen, pellen und würfeln. Chili und Koriander kleinschneiden und Blumenkohl in Röschen zerteilen.
3. 3 EL Olivenöl in einer Pfanne erhitzen. Chili, Kreuzkümmel, Kurkuma, Koriander und Cayennepfeffer dazugeben. 1 Minute anbraten.
4. Die 4 EL Wasser und Blumenkohl dazugeben und 8 Minuten über mittlerer Hitze kochen.
5. Kartoffeln hinzufügen und salzen.
6. Aus der Pfanne nehmen und das restliche Öl darin erhitzen. Knoblauch und Kreuzkümmelsamen anbraten, bis sie golden sind.
7. Mischung über das Gemüse geben.

Nährwertangaben pro Portion:

337 kcal | 25g Kohlenhydrate | 35g Fett | 5g Protein

Tofu-Pommes

1 Portion – 15 Minuten Zubereitungszeit

Zutaten:

- 125g Tofu
- ½ TL Knoblauchpulver
- ½ TL Zwiebelpulver
- ½ TL Petersilie, getrocknet
- ¼ TL Paprika
- ¼ TL Cayennepfeffer
- 1 TL Kreuzkümmel
- ½ EL Salz
- ½ TL schwarzer Pfeffer
- Olivenöl

1. Tofu abtropfen lassen und mit Papiertüchern trocken tupfen. Anschließend in ca. 0,5cm breite Streifen schneiden.
2. In einer Schüssel alle Gewürze vermischen. Tofu-Pommes damit bedecken.
3. In einer Pfanne etwas Olivenöl über mittlerer Hitze erwärmen. Pommes dazugeben und ca. 2 Minuten frittieren, bis sie goldbraun sind.
4. Mit Papiertüchern überschüssiges Fett entfernen.

Nährwertangaben pro Portion:

183 kcal | 2g Kohlenhydrate | 20g Fett | 10g Protein

Blumenkohl-Käse-Snack

4 Portionen – 15 Minuten Zubereitungszeit

Zutaten:

- 15g Mandelmehl
- 15g Schweineschwarte
- 1 TL Basilikum, getrocknet
- 110g Blumenkohl
- 1 Ei, Größe L
- 55g Mozzarella, gerieben

1. Backofen auf 110°C vorheizen.
2. Blumenkohl in mundgroße Röschen zerteilen.
3. In einer Schüssel Mandelmehl, Schweineschwarte und Basilikum gut vermischen.
4. In einer weiteren Schüssel Blumenkohlröschen und Ei verquirlen, bis die Röschen gleichmäßig bedeckt sind.
5. Mehlmischung über den Blumenkohl geben und gut vermischen. Gleiche Mengen abteilen und mundgroße Bällchen formen.
6. Backblech mit Backpapier auslegen und Bällchen darauflegen. Mit Käse bestreuen und anschließend 5 Minuten backen.
7. Zum Abkühlen auf einen Rost legen.

Nährwertangaben pro Portion:

89 kcal | 2g Kohlenhydrate | 6g Fett | 7g Protein

Grünkohlchips

4 Portionen – 20 Minuten Zubereitungszeit

Zutaten:

- 270g Grünkohlblätter
- 2 EL Olivenöl
- 1 TL Zwiebelpulver
- 1 TL Knoblauchpulver
- 1 TL Salz
- 1 TL schwarzer Pfeffer

1. Backofen auf 150°C vorheizen. Backblech mit Backpapier auslegen.
2. Grünkohlblätter darauflegen und mit Olivenöl beträufeln.
3. Zwiebel- und Knoblauchpulver auf beide Seiten der Blätter streuen und mit Salz und Pfeffer würzen.
4. 10 Minuten backen.
5. 5 Minuten auf einem Rost abkühlen lassen.

Nährwertangaben pro Portion:

69 kcal | 2g Kohlenhydrate | 7g Fett | 3g Protein

Edamame-Popcorn

2 Portionen – 45 Minuten Zubereitungszeit

Zutaten:

- 170g Edamame, gefroren (Bohnenart)
- 1 TL Zitronensaft
- 1 TL Olivenöl
- Salz

1. Backofen auf 190°C vorheizen.
2. Edamame auftauen und enthülsen.
3. Edamame in eine Schale geben. Öl und Zitronensaft dazugeben.
4. Ein Backblech mit Alufolie auslegen und Edamame darauflegen. 45 Minuten backen, bis die Bohnen hellbraun und knusprig sind.
5. Aus dem Ofen nehmen und mit Salz bestreuen.

Nährwertangaben pro Portion:

422 kcal | 34g Kohlenhydrate | 18g Fett | 30g Protein

BBQ-Sauce

2 Portionen – 5 Minuten Zubereitungszeit

Zutaten:

- ¼ EL Zwiebelflocken, getrocknet
- 1 EL Honig
- 2 EL Senf
- ½ EL Ketchup
- ½ TL scharfe Sauce
- ¼ EL Apfelessig
- Salz und Pfeffer

1. Alle Zutaten in einen kleinen Topf geben und gut vermischen.
2. Über niedriger bis mittlerer Hitze erwärmen, bis die Sauce beginnt zu köcheln.

Nährwertangaben pro Portion:

43 kcal | 7g Kohlenhydrate | 1g Fett | 1g Protein

Spinat-Feta Pesto

2 Portionen – 5 Minuten Zubereitungszeit

Zutaten:

- 100g Blattspinat
- 70g Schafskäse
- 2 EL Olivenöl
- 1 Knoblauchzehe
- 1 Prise Salz

1. Knoblauch schälen.
2. Danach alle Zutaten in einen Standmixer geben und gut vermixen.
3. Dieses Pesto passt ideal zu Nudeln mit Fisch oder Fleisch.

Nährwertangaben pro Portion:
187 kcal | 0g Kohlenhydrate | 21g Fett | 7g Protein

Limettenvinaigrette

2 Portionen – 5 Minuten Zubereitungszeit

Zutaten:

- 3 EL Limettensaft, frisch
- 15g Koriander, frisch
- 2 EL Olivenöl
- Salz und Pfeffer

1. Limettensaft, Koriander, Olivenöl, Salz und Pfeffer in eine kleine Schüssel geben.
2. Verquirlen, bis alles gut vermischt ist.

Nährwertangaben pro Portion:

96 kcal | 0g Kohlenhydrate | 13g Fett | 0g Protein

Feurige Asia-Tomaten-Sauce

2 Portionen – 5 Minuten Zubereitungszeit

Zutaten:

- 150g Cherry-Tomaten
- 1 ½ EL Sesampaste (Tahini)
- 1 EL Sojasauce
- 1 EL Hefeflocken (Nährhefe)
- 1 Knoblauchzehe
- 1 EL Olivenöl
- 1 EL Apfelessig

1. Die Tomaten waschen. Knoblauch schälen.
2. Danach alle Zutaten in einen Standmixer geben und gut vermixen.
3. Zu dieser Sauce passen ganz normale Nudeln, aber auch Avocado- und Möhren-Gerichte.

Nährwertangaben pro Portion:
297 kcal | 8g Kohlenhydrate | 26g Fett | 12g Protein

Chili-Zitronen-Dressing

2 Portionen – 25 Minuten Zubereitungszeit

Zutaten:

- 2 EL Olivenöl
- 2 EL Zitronensaft
- 2 EL Apfelessig
- Chilipulver, nach Belieben
- Salz

1. Olivenöl, Zitronensaft, Apfelessig, Chilipulver und Salz in eine kleine Schüssel geben.
2. Verquirlen, bis alles gut vermischt ist.

Nährwertangaben pro Portion:

95 kcal | 3g Kohlenhydrate | 14g Fett | 0g Protein

Frozen Yogurt

2 Portionen – 5 Minuten Zubereitungszeit

Zutaten:

- ½ EL Zitronensaft, frisch
- 1 ½ EL Honig/ Agavennektar
- 70g griechischer Joghurt
- 150g Bananen, gefroren
- 1 Zweig Minze

1. Bananen, griechischen Joghurt, Honig (oder Agavennektar) und Zitronensaft in einen Mixer tun.
2. Mixen, bis die Zutaten eine homogene, cremige Masse ergeben.
3. Mit einem Zweig Minze servieren.

Nährwertangaben pro Portion:

137 kcal | 24g Kohlenhydrate | 2g Fett | 2g Protein

Erdnussbutter-Bowl

2 Portionen – 10 Minuten Zubereitungszeit

Zutaten:

- 1 Banane
- 4 EL Chiasamen
- 240ml Mandelmilch
- 2 EL Kakaopulver
- 2 EL Ahornsirup
- 1TL Vanilleextrakt
- 1 EL Erdnussbutter
- 1 EL dunkle Schokoladenstückchen
- 1 EL Kokosraspeln
- ¼ TL Salz
- Zimt

1. In einer mittleren Schüssel zunächst 2 EL Chiasamen, 120ml Mandelmilch, Kakaopulver, 1 EL Ahornsirup, ½ TL Vanilleextrakt und Salz verrühren.
2. Dann in einer kleineren Schüssel die restlichen Chiasamen, 120ml Mandelmilch, Erdnussbutter, 1 EL Ahornsirup und Vanilleextrakt gut vermischen.
3. Nun beide Schüsseln im Kühlschrank mindestens 3 Stunden abkühlen lassen.
4. Die Banane in mundgerecht Stücke schneiden.
5. Anschließend die Erdnussmasse auf zwei Schüsseln aufteilen und den Inhalt der kleinen Schüssel darüber verteilen. Die Portionen zum Abschluss mit Bananen, dunkler Schokolade, Kokosflocken und etwas Zimt garnieren.

Nährwertangaben pro Portion:

414 kcal | 30g Kohlenhydrate | 24g Fett | 12g Protein

Strawberry Cheesecake

12 Portionen –90 Minuten Zubereitungszeit

Zutaten:

- 45g Mandelmehl
- 4 EL Butter
- 2 EL Xucker (Xylit)
- 85g Pecannüsse
- 4 Eier, Größe M
- ½ EL Zitronensaft
- 9 Erdbeeren
- ½ EL Vanilleextrakt
- 750g Frischkäse
- 60ml saure Sahne

1. Backofen auf 200°C vorheizen.
2. Pecannüsse zerkleinern.
3. Butter in einem Topf schmelzen und Mehl, Süßstoff und Pecannüsse dazugeben. Verrühren, bis alles gut vermischt ist.
4. Springform einfetten und die Mischung hineinfüllen.
5. Im Ofen ca. 5 Minuten backen, bis der Boden braun ist.
6. Backofen auf 120°C herunterkühlen.
7. Eier, Frischkäse, Zitronensaft, Vanilleextrakt und saure Sahne in eine Schüssel geben und gründlich verquirlen.
8. Erdbeeren in Scheiben schneiden und auf dem Kuchenboden verteilen.
9. Die Frischkäsefüllung gleichmäßig auf den Erdbeeren verteilen.
10. Käsekuchen 60-90 Minuten backen.
11. Auf einem Rost abkühlen lassen.

Nährwertangaben pro Portion:

276 kcal | 7g Kohlenhydrate | 23g Fett | 12g Protein

Erdbeer-Amaretti-Parfait

2 Portionen – 10 Minuten Zubereitungszeit

Zutaten:

- 400g Erdbeeren
- 125g Ricotta
- 60g Frischkäse
- 50g Zucker
- 4 Amaretti
- ½ TL Vanille
- 2 EL Mandelsplitter

1. 200g Erdbeeren und 25g Zucker in einem Mixer pürieren. In eine Schüssel geben und zur Seite stellen.
2. In einer mittelgroßen Schüssel Ricotta, Frischkäse, Vanille und den restlichen Zucker vermischen. Ein wenig Wasser dazugeben, falls die Mischung zu dick ist.
3. Amaretti zerstoßen und jeweils 2 EL auf 2 Gläser aufteilen.
4. Je 2 EL Erdbeerpüree, 50g Erdbeeren und Frischkäsemischung hinzufügen.
5. Wiederholen, bis die Gläser voll sind.
6. Zum Schluss mit jeweils 1 EL Mandelsplitter bestreuen.

Nährwertangaben pro Portion:

422 kcal | 43g Kohlenhydrate | 20g Fett | 14g Protein

Streuselkompott Himbeer-Pfirsich

4 Portionen – 40 Minuten Zubereitungszeit

Zutaten:

- 50g Mehl
- 50g Xucker (alternativ normaler Zucker)
- 25g Xucker Bronxe (alternativ brauner Zucker)
- ¾ TL Zimt
- 15g Walnüss/ Pecannüsse
- 3 EL Butter
- 1 TL Speisestärke
- 4 Pfirsiche, mittelgroß, frisch
- 65g Himbeeren, frisch

1. Backofen auf 190°C vorheizen.
2. Nüsse zerkleinern, Pfirsiche schälen und in Scheiben schneiden.
3. Butter in einem kleinen Topf schmelzen.
4. In einer mittelgroßen Schüssel Mehl, 25g Xucker und Zimt vermischen.
5. Anschließend geschmolzene Butter unterrühren. Zur Seite stellen.
6. In einer kleinen Schüssel 25g Xucker und Speisestärke verrühren. Zur Seite stellen.
7. Pfirsichscheiben in eine Backform legen. Darüber die Mischung mit der Speisestärke streuen.
8. Himbeeren dazugeben und vorsichtig unterrühren.
9. Mehlmischung gleichmäßig über die Früchte geben, bis alles bedeckt ist.
10. Ca. 30 Minuten backen, bis die Pfirsiche weich sind und das Kompott goldbraun ist.

Nährwertangaben pro Portion:

240 kcal | 39g Kohlenhydrate | 11g Fett | 3g Protein

Mexikanischer Schoko-Kuchen

6 Portionen –90 Minuten Zubereitungszeit

Zutaten:

- ¼ TL Natron
- ½ TL Zimt
- 85g schwarze Melasse
- 85g Honig
- ¼ TL Cayennepfeffer, rot
- 3 Eier
- 55g Kokosöl
- 40g Schokolade
- 1 TL Vanillearoma
- ¼ TL Salz
- 3 ½ EL Kokosmehl
- 3 EL Kakaopulver

1. Backofen auf 160°C vorheizen.
2. In einem kleinen Topf Schokolade schmelzen. Anschließend Kokosöl schmelzen.
3. Eine Kastenform (ca. 12,5x22,5cm) mit Backpapier auslegen und dieses mit ein wenig Kokosöl einfetten.
4. Kakao, Zimt, Salz, Kokosmehl, Pfeffer und Natron in eine kleine Schüssel sieben.
5. Eier, Melasse, Honig und Vanillearoma in den Mixer geben und mixen, bis eine homogene Masse entstanden ist.
6. Geschmolzene Schokolade und Kokosöl dazugeben und eine Minute mixen.
7. Nach und nach die trockenen Zutaten dazugeben. Anschließend erneut mixen, bis alle Zutaten gut vermischt sind.
8. Teig in die Kastenform geben und 45-60 Minuten backen. (Der Kuchen ist fertig, wenn ein in den Kuchen gesteckter Zahnstocher sauber herausgezogen werden kann.)
9. Aus dem Ofen nehmen und in der Form abkühlen lassen.

Nährwertangaben pro Portion:

282 kcal | 24g Kohlenhydrate | 17g Fett | 7g Protein

Haftungsausschluss

Dieses Buch enthält Meinungen und Ideen des Autors und hat die Absicht, Menschen hilfreiches und informatives Wissen zu vermitteln. Die enthaltenen Strategien passen möglicherweise nicht zu jedem Leser, und es gibt keine Garantie dafür, dass sie auch wirklich bei jedem funktionieren. Die Benutzung dieses Buchs und die Umsetzung der darin enthaltenden Informationen erfolgt ausdrücklich auf eigenes Risiko. Das Werk, inklusive aller Inhalte, gewährt keine Garantie oder Gewähr für Aktualität, Korrektheit, Vollständigkeit und Qualität der bereitgestellten Informationen. Druckfehler und Fehlinformationen können nicht vollständig ausgeschlossen werden.

Impressum

Antje Gerspach wird vertreten durch:

Tom Schmidt
Barnkevitzer Weg 2a
18573 Altefähr

Covergestaltung und -konzept: lauria | fiverr.com
Coverbilder: Milkos, magurok5 | depositphotos.com

Jahr der Veröffentlichung: 2017
Verantwortlich für den Druck: Amazon Distribution GmbH, Leipzig

10353536R00057

Printed in Germany
by Amazon Distribution
GmbH, Leipzig